Christiane Spiel | Sonja Bettel

SCHULE
Lernen fürs Leben?!

www.galila.at

Christiane Spiel

Sonja Bettel

SCHULE
Lernen fürs Leben?!

Galila Verlag

Dieses Buch widme ich allen österreichischen
Schülerinnen und Schülern. In der Hoffnung, dass die
Schule der Zukunft bald Gegenwart sein wird und
alle Kinder gerne zur Schule gehen.

Inhaltsverzeichnis

Vorwort

Schule ist ein Thema, zu dem die meisten Menschen etwas beizutragen haben, ein Thema, das kaum jemandem gleichgültig ist. Jede und jeder hat Erinnerungen – positive, weniger positive – die wieder präsent werden, wenn man über Schule spricht oder an sie denkt. Denn fast alle Menschen in Österreich sind selbst in die Schule gegangen, viele erleben die Schule zusätzlich als Eltern, und schließlich ist für viele Menschen die Schule der tägliche Arbeitsplatz.

Darum können ja auch alle mitreden, wenn es um Schule geht. Wir sprechen viel über Schule, privat, in den Medien, in der Politik – und oft sehr emotional. Verständlicherweise wird daher die Schule auch auf Basis der eigenen Erfahrungen und der persönlichen Erlebnisse bewertet. Wonach sollten wir es auch sonst tun? Die vielen Forschungsergebnisse zu Schule und Bildung sind ja zumeist nicht bekannt. Das ist auch kein Wunder, denn die meisten dieser Studien werden in wissenschaftlichen Journalen veröffentlicht, die im Allgemeinen in Englisch und nach so komplizierten wissenschaftlichen Regeln geschrieben werden, dass sie außerhalb der Wissenschaft kaum jemand lesen kann oder will. Das ist sehr bedauerlich, denn wir haben aus der Forschung ganz viel Wissen darüber, wie man Kinder bei Lernproblemen unterstützen kann, wie man Begabungen identifiziert und fördert, wie man Gewalt in Schulen verhindert, wie man Selbstvertrauen aufbaut und vieles mehr. Leider kommt dieses Wissen zu wenig bei den PolitikerInnen an, die Gesetze über Schulen und den Bildungsbereich machen, und auch nicht in den Schulen. Es „verstaubt" in Bibliotheken oder im Web. Was fehlt, ist also eine Übersetzung der Forschungen in eine Sprache, die jede und jeder versteht, auch ohne Vorkenntnisse.

Ich arbeite seit rund 40 Jahren im Bildungsbereich; zuerst drei Jahre als Lehrerin im Gymnasium, dann als Forscherin. Ich habe immer gerne über unsere Forschungen erzählt, wie wir vorgehen, welche Ergebnisse wir finden. Und ich habe dabei erfahren, dass das nicht nur KollegInnen interessiert, sondern die meisten Menschen, egal ob Kinder, Jugendliche oder Erwachsene. Das Interesse, über Bildung und Schule mehr aus Sicht der Forschung zu erfahren, ist sehr groß.

Da mich diese Diskrepanz – hier die hohe Bedeutung von Bildungsforschung und das hohe Interesse, dort die schwer konsumierbaren Studienergebnisse – immer geärgert hat, habe ich vor etwa 15 Jahren eine grundlegende Entscheidung für die Ausrichtung meiner Arbeit als Wissenschaftlerin getroffen: Dass ich als Professorin an einer öffentlichen Universität auch die Aufgabe habe, die Erkenntnisse der Wissenschaft an die Gesellschaft zu vermitteln. PolitikerInnen können dieses Wissen dann für Entscheidungen und LehrerInnen für die Praxis in der Schule nützen; Menschen, die an Schul- und Bildungsthemen interessiert sind, können ihre individuellen Erfahrungen mit Forschungsbefunden in Beziehung setzen.

Ich habe primär versucht, in Kommunikation mit Politik und Praxis zu kommen, denn für die Umsetzung von Forschungsergebnissen braucht es diese beiden. Dabei habe ich gelernt, wie schwierig das ist. Denn die Politik hat ihre eigene Logik, die ganz anders ist als die Logik der Wissenschaft, und wieder anders als die Logik der PraktikerInnen. Die Politik steht unter dem Druck, schnelle Entscheidungen zu fällen. Diese Entscheidungen müssen für Bürger-

Innen nachvollziehbar sein. Bei uns in der Wissenschaft geht es dagegen nicht so schnell. Wir formulieren Ziele, entwickeln Forschungsdesigns, suchen nach StudientleilnehmerInnen, befragen, beobachten, werten aus usw. In der Zeit, in der wir eine Studie durchführen und auswerten, ist eine Regierungsperiode schon wieder vorbei und die Politikerin oder der Politiker vielleicht schon abgewählt. Die Praxis hat wieder eine andere Logik: LehrerInnen stehen immer wieder unter dem Druck, schnell entscheiden zu müssen, wenn ein Schüler oder eine Schülerin etwas nicht versteht oder Unterstützung braucht. Da kann man nicht lange nach der passenden Theorie suchen. Es hilft Lehrpersonen auch nicht im Schulalltag, wenn in der Forschung von „Zusammenhängen in mittlerer Höhe" oder „signifikanten Unterschieden" berichtet wird.

Kurzum, die Herausforderung, diese Übersetzungsarbeit zu leisten und eine Sprache zu finden, die Politik, Praxis und letztlich alle Menschen verstehen, ist groß, und ich bemühe mich seit Jahren redlich darum. Allerdings ist dies im Bildungsbereich auch schwieriger als in vielen anderen Bereichen, und zwar nicht nur, weil man immer auf Alltags-ExpertInnen trifft, sondern auch, weil der Transfer der Erkenntnisse eine besondere Herausforderung darstellt.

Mich alleine hinzusetzen und in einem Buch diese Übersetzungsarbeit aus der Wissenschaft anzugehen, wäre für mich aus zeitlichen Gründen aber nicht in Frage gekommen. Dann ist der Galila Verlag an mich herangetreten und hat vorgeschlagen, das Buch gemeinsam mit der Wissenschaftsjournalistin Sonja Bettel zu entwickeln. Gemeinsam darüber zu diskutieren, welche Themen Menschen über Schule und Bildung interessieren könnten, dann darüber zu sprechen – in langen Sitzungen von zumeist drei Stunden oder mehr – und das Gesprochene zu Papier zu bringen, das hat gepasst.

Der Titel des Buches lautet *Schule – Lernen fürs Leben!?* Die Kombination von Ausrufe- und Fragezeichen soll signalisieren, dass wir hier keine eindeutige Antwort geben können. Denn die Antwort kann letztlich nur individuell für jeden einzelnen Menschen und vermutlich auch nur von diesem selbst gefunden werden. Vielmehr wollen wir mit dem Buch ein forschungsbasiertes Basiswissen über Schule und Bildung vermitteln, in das jede und jeder seine individuellen Schul- und Bildungserfahrungen einordnen kann. Dabei wird es sicherlich auch vorkommen, dass die eigenen Erfahrungen nicht mit den Forschungsbefunden übereinstimmen, ja diesen sogar explizit widersprechen. Wie kann das sein? In Forschungsprojekten werden viele Personen möglichst repräsentativ ausgewählt. Die Ergebnisse fassen die Analysen zusammen und geben zumeist wieder, was diese Personen im Mittel für Einstellungen haben, denken, wissen oder tun. Daher beschreiben die Forschungsergebnisse nicht alle Personen in gleicher Weise, und der eine oder die andere wird an mancher Stelle sagen: bei mir ist das aber nicht so!

Wir haben sehr lange darüber diskutiert, welche Themen das Buch behandeln soll, denn der Erkenntnisschatz der Bildungsforschung ist sehr groß. Auf jeden Fall sollte das Buch einen Österreich-Bezug haben. Wir haben uns auf vier Themenbereiche und damit auch vier große Kapitel geeinigt. Das erste Kapitel liefert quasi die Grundlage. Hier geht es allgemein um Bildung und Lernen, darum, welche Aufgaben Schule hat, um Bildungsgerechtigkeit, um Lernen in verschiedenen Lebensabschnitten, um Lernmotivation und schließlich, wie man lebenslanges Lernen lernen kann.

Im dritten Kapitel wird die aktuelle Situation der Schule in Österreich beschrieben. Hier wird diskutiert, was gut läuft, was nicht so gut, und auch auf die Situation der LehrerInnen eingegangen. Das vierte Kapitel gibt einen Ausblick auf die Schule der Zukunft und auch, wie wir dorthin kommen könnten. Das zweite Kapitel ist gleichsam ein Zusatz. Aus vielen Gesprächen weiß ich, dass gerade im Bildungsbereich sehr viele Mythen kursieren, wie zum Beispiel: „Mädchen sind zu dumm für Mathematik – Buben sind faul", oder „Was Hänschen nicht lernt, lernt Hans nimmermehr". In diesem Kapitel gehe ich sechs verbreiteten Mythen auf den Grund.

Somit bilden die Kapitel 1, 3 und 4 eine klare Abfolge. Das Buch ist jedoch so geschrieben, dass man an jeder Stelle einsteigen kann und auch keine Vorkenntnisse braucht, um es zu verstehen. Wir sind optimistisch, dass uns das gelungen ist. Allerdings sind manche Themen auch in der Wissenschaft etwas sperrig und das hat sich natürlich auch auf das Buch übertragen. Das trifft z.B. gleich auf die beiden ersten Abschnitte des ersten Kapitels zu, wo es um die Aufgaben der Schule und den Bildungsbegriff geht. Nicht ganz einfach ist auch der Kompetenzbegriff, der im vierten Mythos diskutiert wird. Ich hoffe jedoch, dass sich die LeserInnen davon nicht abschrecken lassen.

Als Wissenschaftlerin war es mir natürlich ein Anliegen, dass alles, was im Buch steht, forschungsbasiert ist. Aber natürlich fließt meine Sicht von Schule und Bildung schon durch die Auswahl der Themen ein und auch sicher durch die Auswahl der Studien, auf denen das Buch basiert. Selbstverständlich haben auch viele unserer eigenen Forschungsthemen und Studienergebnisse Eingang gefunden. Daher ist es nicht nur mein, respektive unser Buch, sondern das Ergebnis vieler Diskurse, die ich mit meinen Kolleg-Innen national und international geführt habe, wofür ich allen herzlich danke.

Hundertprozentige Einigkeit findet man so gut wie nie. Das ist nicht nur in der Bildungsforschung so, und natürlich schon gar nicht zwischen Forschung, Praxis, Politik und Gesellschaft. Daher soll das Buch auch dazu einladen, Diskussionen zu führen, die Inhalte kritisch zu hinterfragen und zu widersprechen. Ich hoffe, Sie werden das tun.

Christiane Spiel
Wien, im August 2015

1. Schule, Bildung, lebenslanges Lernen

Wenn man über Schule, Bildung und Lernen spricht, fällt vielen als Erstes ein, was alles nicht klappt. Danach kommen die Wünsche, was geändert werden sollte und wie man die Schule gerne hätte. Bevor wir uns jedoch damit beschäftigen, was in unserem Schulsystem gut und was nicht so gut läuft und wie die ideale Schule aussehen könnte, müssen wir uns mit einer grundlegenden Frage auseinandersetzen: Was soll Schule eigentlich leisten?

1.1 Wozu gehen wir in die Schule?

Diese Frage bezieht sich in erster Linie auf das einzelne Individuum. Das heißt, was soll Schule für jede und jeden von uns leisten? Hier werden, sowohl in der Wissenschaft als auch in öffentlichen Diskussionen, immer zwei zentrale Aufgaben genannt: Die Schule soll Kinder und Jugendliche auf spätere Anforderungen im Beruf, im Privatleben und auf Aufgaben in der Gesellschaft vorbereiten. Die Schule soll jedoch auch Kindern und Jugendlichen gesellschaftlich erwünschtes Verhalten vermitteln und sie damit entsprechend in die Gesellschaft einführen. Die Schule hat daher – bezogen auf jede Schülerin, jeden Schüler – die Aufgaben Qualifikation und Sozialisation.

Aus gesellschaftlicher Sicht hat die Schule jedoch noch zwei weitere Funktionen, die dem einzelnen Schüler, der einzelnen Schülerin wohl nicht sofort als Grund für den

Besuch der Schule in den Sinn kämen: nämlich Selektion und Legitimation. Was bedeuten diese Funktionen?

Durch die Schule bzw. die Abschlüsse, die in der Schule gemacht werden, werden Berechtigungen erworben, um in eine weiterführende Schule oder auf eine Universität zu gehen; damit erfolgt auch die Zuweisung sozialer Positionen in der Gesellschaft. Das ist die Selektionsfunktion der Schule. Die vierte Funktion ist die Legitimation. Denn die Schule vermittelt auch gesellschaftliche Grundwerte zur Sicherung von Loyalität mit dem bestehenden (politischen) System und Integration in dieses. Dazu zählen das Verständnis, wie ein Staat funktioniert, dass wir eine Bundesverfassung haben, welche Rechte und Pflichten BürgerInnen haben und dergleichen mehr.

In der Bildungsforschung ist man sich über diese vier Aufgaben bzw. Funktionen von Schule weitgehend einig.[1]

Wenn wir uns überlegen, ob sich diese Funktionen bzw. Aufgaben der Schule geändert haben, würden wir sagen: Nein, sie haben sich nicht geändert. Was sich jedoch geändert hat, ist die Welt, was bedeutet, dass die Erfüllung dieser Funktionen nicht in gleicher Weise wie früher erreicht werden kann. Wir leben in einer globalisierten Welt. Wir erfahren durch das Internet Dinge, die auf der anderen Seite des Globus passieren, sehr rasch, oft sogar in Echtzeit. Der technische Fortschritt ist enorm. Die Halbwertszeit des Wissens wird immer kürzer. Damit bedeutet Qualifikation für jemanden, der heute in die Schule geht, etwas Anderes

---

1 Siehe das Buch „Theorie der Schule" des österreichischen Pädagogikprofessors Helmut Fend.

als vor 20 oder 30 Jahren. Insofern haben wir eine ständige
Veränderung in der Art und Weise, wie die Funktionen der
Schule wahrgenommen werden müssen.

Qualifikation

Qualifikation ist zweifellos die zentrale Aufgabe der Schule.
Alle Kinder sollten zumindest Grundfähigkeiten wie Lesen
und Schreiben erwerben, sie sollten mit Neuen Medien
umgehen können, sich nicht nur in ihrer Muttersprache,
sondern auch in anderen Sprachen verständigen können. Sie
sollten auch ein mathematisches Grundverständnis haben,
denn das benötigen wir nicht nur für das Berufsleben, sondern auch für viele Alltagsentscheidungen. Wenn ich z.B.
einen Kredit aufnehmen möchte, sollte ich abschätzen können, wie viel ich zurückzahlen muss und ob ich ihn mir auch
wirklich leisten kann. Ich sollte den Vertrag, der mir dafür
vorgelegt wird, nachvollziehen und beurteilen können. Ich
sollte mündlich und schriftlich in geschäftlichen, behörd-
lichen, beruflichen und privaten Dingen in einer Weise
kommunizieren können, die es mir ermöglicht, mich klar
verständlich zu machen. Ich sollte auch ein Allgemeinwis-
sen in Geographie, Naturwissenschaften, Geschichte, Politik,
Kunst und Kultur usw. haben, um an Gesprächen teilnehmen und eine Diskussion mit anderen führen zu können.
Und nicht zuletzt sollte ich ein ausreichendes Wissen und
Verständnis haben, um als BürgerIn selbstständige politische
Entscheidungen treffen zu können.

Sozialisation

Auch die Sozialisation ist eine eminent wichtige Aufgabe
von Schule. Durch den Umgang mit MitschülerInnen sollen wir Empathie lernen, ein Verständnis für andere, das

Umgehen mit Konflikten, das Arbeiten im Team. In heutigen Stelleninseraten werden fast immer Kompetenzen wie Konfliktmanagement, Teamfähigkeit usw. gefordert. Daran sieht man, wie wichtig es ist, dass die Schule diese Sozialisationsfunktion wahrnimmt. Sozialisation erfährt man natürlich auch in der Familie, aber die Familie kann nicht alles leisten, schon allein deshalb, weil sie zumeist keine Gleichaltrigengruppe zur Verfügung stellt. In der Schule entstehen auch viele Freundschaften, weil man so viel Zeit dort verbringt, und man bildet ein Netzwerk, das einen später im Beruf und im Privatleben unterstützen kann. Aber selbstverständlich ergeben sich im Zusammensein mit vielen anderen Kindern und den LehrerInnen auch Konflikte. Die Schule bietet also viele Möglichkeiten für soziales Lernen. Welche Rolle habe ich in einer Gruppe? Bin ich eine Führungspersönlichkeit, auf die die anderen hören? Übernehme ich Verantwortung? Wie komme ich mit anderen aus? Es ist auch Aufgabe der Schule, explizit Lerngelegenheiten dafür zu bieten, wie man z.B. Konflikte löst, wie man Streit schlichtet, wie man damit umgeht, wenn es unterschiedliche Meinungen gibt, wie ich meine Meinung einbringen kann, ohne die anderen gering zu schätzen, oder wie ich im Team arbeite. Das sind grundlegende Erfahrungen, die in der Schule systematisiert aufgegriffen und bearbeitet werden sollten. Das geschieht zum Teil, aber vermutlich nicht ausreichend.

Selektion

Welche Bedeutung die Selektionsfunktion von Schule hat, hängt davon ab, in welchem kulturellen Umfeld man lebt.

In Österreich und insgesamt im deutschen Sprachraum spielt die Selektionsaufgabe der Schule eine sehr große

Rolle. Vielen Eltern ist das sehr bewusst und Noten sind ihnen daher sehr wichtig. Bereits ab der dritten Klasse Volksschule wird auf die LehrerInnen Druck ausgeübt, dass die Kinder gute Noten bekommen, damit sie anschließend ins Gymnasium gehen können. In Einzelfällen geht es sogar so weit, dass Eltern RechtsanwältInnen einschalten oder mit diesen drohen. Daran sehen wir, dass die Selektionsfunktion der Schule von den Eltern enorm hoch bewertet wird, obwohl sie sicherlich nicht die wichtigste Funktion ist. Die viel wichtigeren Aufgaben sind Qualifikation und Sozialisation. Die große Bedeutung, die der Selektion gegeben wird, ist sogar ein Problem, weil durch den Druck, der im Zusammenhang damit auf Kinder und LehrerInnen ausgeübt wird, die Freude am Wissenserwerb und an der Schule in den Hintergrund gerät.

Warum hat die Selektion in unserem Schulsystem eine so hohe Bedeutung?
Die Selektionsfunktion kommt immer bei Schnittstellen zum Tragen. In unserem Schulsystem haben wir mehr und auch früher als in vielen anderen Ländern Schnittstellen. Die erste Schnittstelle ist nach vier Klassen Volksschule – hier wird entschieden, ob das Kind in die Neue Mittelschule oder in das Gymnasium geht. Nach vier Klassen Neuer Mittelschule oder Gymnasium wird entschieden, ob das Kind in die Oberstufe Gymnasium geht, in eine Berufsbildende Schule oder in eine Polytechnische Schule. Nach einem erfolgreichen Abschluss dieser Schultypen gibt es die Schnittstelle zu Berufsausbildung, Studium oder Berufswahl. Jede dieser Schnittstellen erfordert die Entscheidung, wohin das Kind wechseln soll, wobei diese Entscheidungen – insbesondere die Entscheidung nach vier Jahren Volks-

schule – von den Noten abhängig ist und damit zumindest indirekt von den Lehrpersonen. Denn die LehrerInnen sind es, die die Leistung der SchülerInnen bewerten. Wenn wir an die Qualifikationsfunktion der Schule denken, sollten sie jedoch in erster Linie die SchülerInnen beim Lernen begleiten und unterstützen. Damit haben LehrerInnen eine schwierige Doppelrolle und sind dem Druck der Eltern ausgesetzt, die das Beste für ihr Kind wollen – und das ist, aus ihrer Sicht, zumeist das Gymnasium. Gleichzeitig gibt es den Druck auf die Kinder, die geforderten guten Noten zu erbringen. Damit entsteht bereits weit im Vorfeld dieser Schnittstelle ein hoher Druck im gesamten System, der die Freude am Lernen und am Wissenserwerb in den Hintergrund rückt. Noten werden als wichtiger gesehen als Wissen und Können.

Das ist sicherlich zum Teil die Ursache dafür, dass Schule von vielen Kindern nicht sehr positiv gesehen wird. Aus unseren Studien wissen wir, dass Kinder im Laufe ihrer Schulzeit immer mehr die Freude am Lernen in der Schule verlieren. Sie möchten zwar etwas Neues lernen, aber lieber an anderen Orten als in der Schule.

Chancengleichheit, Bildungsgerechtigkeit

In Ländern, wo die Selektionsfunktion der Schule sehr ausgeprägt ist, stellt sich – zumindest in demokratischen Gesellschaften – die Frage nach Chancengleichheit im Bildungssystem, und damit die Frage nach Bildungsgerechtigkeit. Bereits die Frage, was überhaupt unter Bildungsgerechtigkeit verstanden wird und ob bzw. wie diese realisiert werden kann, ist ein Streitpunkt der Bildungspolitik, aber auch Thema für Diskurse in der Wissenschaft. Voraussetzung für diese Diskurse ist, dass

Bildung als etwas Wertvolles angesehen wird. Zweifellos hat in den vergangenen Jahrzehnten der ökonomische Wert von Bildung zugenommen. Bildung ist ein Mittel für den Zugang zum Arbeitsmarkt und eröffnet Chancen beim Wettbewerb um attraktive Positionen. Bildung ermöglicht auch politische Partizipation und ist eine wichtige Voraussetzung für persönliche Autonomie und Wohlbefinden. Viele Studien belegen, dass gebildete Menschen gesünder sind, mehr verdienen und länger leben.

Im Österreichischen Bundes-Verfassungsgesetz (Fassung 2005, unter Artikel 14/5a) heißt es:

„Demokratie, Humanität, Solidarität, Friede und Gerechtigkeit sowie Offenheit und Toleranz gegenüber den Menschen sind Grundwerte der Schule, auf deren Grundlage sie der gesamten Bevölkerung, unabhängig von Herkunft, sozialer Lage und finanziellem Hintergrund, unter steter Sicherung und Weiterentwicklung bestmöglicher Qualität ein höchstmögliches Bildungsniveau sichert.“

Schon die Verfassung gibt uns also den Auftrag zur Chancengleichheit im Bildungssystem. An eben dieser Stelle heißt es weiter:

„Jeder Jugendliche soll seiner Entwicklung und seinem Bildungsweg entsprechend zu selbständigem Urteil und sozialem Verständnis geführt werden, dem politischen, religiösen und weltanschaulichen Denken anderer aufgeschlossen sein sowie befähigt werden, am Kultur- und

> *Wirtschaftsleben Österreichs, Europas und der Welt teil-
> zunehmen und in Freiheits- und Friedensliebe an den
> gemeinsamen Aufgaben der Menschheit mitzuwirken."*

Damit wird im Bundes-Verfassungsgesetz auch ausge-
drückt, dass jede und jeder soweit gebildet werden soll,
dass er am gesellschaftlichen, wirtschaftlichen, kulturellen Leben teilnehmen kann und auch als Bürger oder
Bürgerin am politischen Diskurs. Das bedeutet Teilhabe-
begerechtigkeit, die letztlich ein Minimum als Bildung
für alle voraussetzt.

Nachdem es unrealisierbar ist, dass alle SchülerInnen
am Ende der Schulzeit gleich leistungsfähig sind, wird in
den einschlägigen Diskussionen von herkunftsunabhän-
giger oder bedingter Chancengerechtigkeit gesprochen.
Eine derartige Chancengerechtigkeit meint, dass Leistungsunterschiede nicht durch Herkunft bedingt sein
sollten, bzw. sollte es bei gleichen Begabungen keine
Differenzen nach Herkunft geben.[2]

Legitimation

Die Legitimationsaufgabe zieht sich durch die gesamte
Geschichte der Schule. Denn die Schule wurde unter anderem auch dazu geschaffen, „brave BürgerInnen" zu entwickeln, die sich mit dem staatlichen System einverstanden
erklären. Hier gibt es natürlich einen Wandel, weil wir uns
ja heute BürgerInnen wünschen, die Verantwortung über-

---

2 Beim Workshop *Bildungsgerechtigkeit* der Arbeitsgemeinschaft Bildung und
Ausbildung der Österreichischen Forschungsgemeinschaft im Juni 2015 wurde
über diese Thematik ausgiebig diskutiert (die Präsentationen des Workshops
finden sich unter „Publikationen" auf der Webseite http://www.oefg.at/de/
arbeitsgemeinschaften/bildung-ausbildung/).

nehmen, was auch heißt, kritisch zu sein und Fragen zu stellen. Daher ist diese Funktion der Schule momentan in einem interessanten Spannungsfeld.

Es wird auch diskutiert, den Unterricht in politischer Bildung auszuweiten. Das würde aber auch heißen, dass man einen Diskurs über das politische System führen muss und nicht nur vermittelt, wie das System aussieht. Das wiederum bedeutet im nächsten Schritt, dass die Schule selbst als aktuell nicht sehr demokratisches System zu reflektieren wäre. Sind die derzeitigen Strukturen geeignet, um Demokratie, Teilhabe und die Übernahme von Verantwortung zu lernen?

Politische Bildung in der Schule vermitteln

Wir haben in empirischen Studien untersucht, inwieweit ein Unterrichtsfach Politische Bildung das politische Wissen, aber auch das Demokratieverständnis und die Übernahme von Verantwortung fördert. Dazu haben wir ein von uns entwickeltes Trainingsprogramm, bei dem u.a. das Erleben von Verantwortungsübernahme und demokratischem Verständnis gefördert wird, mit einem reinen Sachunterricht in politischer Bildung verglichen. Dabei hat sich herausgestellt, dass Verständnis für Demokratie viel stärker dann entsteht, wenn man diese auch erlebt hat. Das reine Faktenwissen darüber, wie ein politisches System aufgebaut ist und was Demokratie ist, kann nicht im selben Ausmaß Demokratie vermitteln, wie wenn ich mich selbst als Handelnde oder Handelnder, als Teil eines demokratischen Systems erlebe.

Wenn der Unterricht in Politischer Bildung ausgeweitet werden soll, ist sehr wichtig, dass solche Befunde empirischer Studien berücksichtigt werden, insbesondere wenn dadurch auch demokratisches Verständnis und Verantwortungsübernahme gestärkt werden sollen. Das bedeutet, dass neben der Vermittlung von Faktenwissen auch Handlungswissen vermittelt und erfahrbar wird. Es reicht auch nicht, dass man Demokratieverständnis, Teilhabe und Verantwortung nur in einem Fach Politische Bildung unterrichtet und fördert. Man müsste die Umsetzung, d.h. die erlebte Teilhabe, in allen Fächern und in der ganzen Schule leben.

Wenn wir uns die verschiedenen Funktionen der Schule noch einmal vor Augen führen, dann zeigt sich deutlich, dass die Selektionsfunktion in unserem Schulsystem sehr dominant ist, während die Sozialisationsfunktion zu wenig wahrgenommen wird. Leider entsteht durch die hohe Fokussierung auf die Selektion auch eine Beeinträchtigung der Qualifikation, da Noten wichtiger werden als Können. Hinsichtlich der Legitimationsfunktion gibt es eine Ambivalenz. Wollen wir, dass aus unseren Kindern „brave" oder kritische BürgerInnen werden? Dies führt zu einer naheliegenden nächsten Frage: Was sollen Kinder denn eigentlich in der Schule lernen? Schule gilt als DIE Bildungsinstitution. Was versteht man unter Bildung im aktuellen Diskurs?

1.2 Bildung – ein schwieriger Begriff

In unserer Alltagssprache hat der Begriff „Bildung" einen festen Platz. Wir sprechen ganz selbstverständlich von Bildungseinrichtungen, vom Bildungswesen, von Aus- und Fortbildung, von Bildungslücken und bezeichnen andere als hoch oder weniger gebildet. Wir kritisieren Mängel im Bildungssystem und fordern Bildungsreformen. Man kann kaum eine Zeitung aufschlagen, in der nicht an irgendeiner Stelle etwas über Bildung steht bzw. über Probleme in Bildungsinstitutionen, speziell der Schule. Gleichzeitig ist der Bildungsbegriff immer wieder in einem sehr starken Diskurs, der häufig auch emotional und ideologisch geführt wird, und viele haben auch Probleme zu erläutern, was sie eigentlich unter Bildung verstehen.

Bildung hat schon in der Antike eine große Rolle gespielt. Dem griechischen Philosophen Heraklit aus Ephesos (um 520 v.Chr. – um 460 v.Chr.) wird das Zitat zugeschrieben: „Bildung ist nicht das Befüllen von Fässern, sondern das Entzünden von Flammen." Er spricht damit die Bedeutung von Neugierde, Interesse, Motivation an. An anderen Zitaten, die man zum Begriff Bildung findet, sieht man auch das schwierige Verhältnis zwischen Bildung und Schule. So soll der berühmte Physiker Albert Einstein gesagt haben: „Bildung ist, was übrig bleibt, wenn man alles, was man in der Schule gelernt hat, vergessen hat." Oder Oskar Kokoschka: „Aus meiner Schulzeit sind mir nur meine Bildungslücken in Erinnerung geblieben."

Die Frage, was Bildung ist, beschäftigt die Menschen also schon seit langem. Durch die PISA-Studie der OECD (Programme for International Student Assessment – Programm zur internationalen SchülerInnenbewertung der Organisation für wirtschaftliche Zusammenarbeit und Entwicklung) sind diese Frage und auch die Bedeutung, die Bildung für den Einzelnen und die Gesellschaft als Ganzes hat, vermehrt in das Blickfeld der nicht-wissenschaftlichen Öffentlichkeit gerückt. Es ist ein wichtiger Verdienst dieser Studien, dass sie aufzeigen, was Bildungssysteme leisten, respektive leisten können, und dass man das offensichtlich auch messen kann. Zweifellos wird jedoch die Aussagekraft dieser Studien in manchen Berichterstattungen überschätzt oder falsch interpretiert, was immer wieder zu intensiven Diskussionen über die PISA-Studie führt.

Wann gilt jemand als „gebildet"?

In der Wissenschaft wird Bildung in der Regel auf zwei Ebenen definiert: als Produkt und als Prozess. Unter **Bildung als Produkt** werden dabei die überdauernden Ausprägungen der Persönlichkeit eines Menschen verstanden, die aus einer gesellschaftlich-normativen Perspektive wünschenswert sind. Ein Mensch, den wir als „gebildet" bezeichnen, weist danach möglichst viele dieser wünschenswerten Persönlichkeitsmerkmale in möglichst hoher Ausprägung auf. **Bildung als Prozess** ist die Art und Weise, wie diese wünschenswerten Persönlichkeitsausprägungen vermittelt oder gefördert werden. Hier kommt der Schule eine zentrale Rolle zu.

Das klingt sehr wissenschaftlich und wenig konkret. Doch schauen wir uns einmal die **Inhalte von Bildung** an. Welche Persönlichkeitsausprägungen sind überhaupt wünschenswert? Was kennzeichnet einen „gebildeten Menschen"? Hier gibt es einerseits Veränderungen über die Zeit hinweg, d.h. einen historischen Wandel darüber, was wir als wünschenswerte Persönlichkeitsmerkmale bezeichnen. Andererseits bestehen aber auch Unterschiede in Abhängigkeit davon, in welchem kulturellen und sozialen Umfeld man sich befindet. Afrikanische oder fernöstliche Länder haben z.T. andere Vorstellungen davon, welche Persönlichkeitsausprägungen wünschenswert sind, als Österreich oder Deutschland. Der Bildungsforscher Heiner Barz von der Heinrich Heine Universität Düsseldorf nennt jedoch zwei Komponenten, die über verschiedene soziale Milieus hinweg für Bildung immer bestimmend sind: verfügbare

Wissensbestände und kulturelle Fähigkeiten sowie eine im sozialen Umgang erfahrbare kommunikative Kompetenz und Ausstrahlung.

In den vergangenen Jahren gab es einen z.T. sehr heftigen Diskurs zwischen dem Verständnis von Bildung als humanistisches Bildungsideal auf der einen Seite und der Orientierung von Bildung an den Anforderungen von Gesellschaft und Arbeitsmarkt auf der anderen Seite. Vereinfacht wurden häufig die Begriffe Bildung und Ausbildung in diesem Streit als Gegensatzpaar gesehen.

Mein persönliches Verständnis ist, dass es hier kein Entweder-oder gibt, sondern nur ein Sowohl-als-auch. Denn auf der einen Seite soll Bildung zu einer ganzheitlichen Persönlichkeitsentfaltung beitragen und soziale und kulturelle Kompetenzen inkludieren, wozu Werthaltungen, moralische Urteile, Kunstverständnis usw. gehören. Auf der anderen Seite sind Wissen und Bildung natürlich auch Produktionsfaktoren und -motoren der Wirtschaft, und zwar nicht nur für die Gesamtgesellschaft, sondern auch für den Einzelnen, denn jeder will natürlich in der Lage sein, einen Beruf zu ergreifen, Geld zu verdienen und sich selbst zu erhalten. Neben dem finanziellen Aspekt ist es für unser Selbstwertgefühl auch wichtig wahrzunehmen, dass unsere Leistung in der Gesellschaft gebraucht wird. Bildung und Ausbildung gegeneinander auszuspielen ergibt daher meiner Ansicht nach keinen Sinn, denn wir brauchen beides. Beides sollte seinen Platz und seine Wertschätzung haben.

Welche Inhalte soll der Bildungsprozess vermitteln?

Die Festlegung der Inhalte von Bildung erfolgt durch eine Übereinkunft in der Gesellschaft, wobei es sich um einen laufenden Diskurs handelt, in dem sich viele Personen

einbringen. Der renommierte deutsche Bildungsforscher
Jürgen Baumert (bis 2010 Direktor am Max-Planck-Insti-
tut für Bildungsforschung in Berlin) hat für die schulische
Bildung übereinstimmende Grundmuster in modernen
Gesellschaften identifiziert. Danach hat die allgemeinbil-
dende Schule folgende Bildungsziele:

a) Vermittlung der kulturellen Basiskompetenzen. Dazu
   gehört die Beherrschung der Verkehrssprache, mathematische Modellierungsfähigkeit, fremdsprachliche
   Kompetenz, informationstechnologische Kompetenz
   sowie Selbstregulation des Wissenserwerbs. Die Fähigkeit selbstständig, selbstorganisiert neues Wissen, neue
   Kompetenzen zu erwerben, wird künftig immer mehr an
   Bedeutung gewinnen. (Siehe auch Kapitel 1.3 und 1.4.)

b) Vermittlung eines hinreichend breiten, gut organisier-
   ten und vernetzten Orientierungswissens in zentralen
   kulturellen Wissensbereichen. Die Unterrichtsfächer
   repräsentieren diese Wissensbereiche. Die elementare
   Vertrautheit mit jedem von ihnen, die in unterschiedlichen Anwendungssituationen erprobt sein sollte, macht
   Allgemeinbildung aus.

c) Aufbau sozial-kognitiver und sozialer Kompetenzen.
   Dazu zählt nach Jürgen Baumert die Fähigkeit zum Per-
   spektivenwechsel, zum Mitempfinden, zur Hilfsbereit-
   schaft, zur Kooperation, zur Verantwortungsbereitschaft
   und zum moralischen Urteil.

Somit repräsentiert der Fächerkanon in der Schule in
gewisser Weise die gesellschaftliche Übereinkunft darüber,
in welchen Bereichen alle Kinder und Jugendlichen Wissen, Kompetenzen und Werthaltungen erwerben sollten.
Interessant ist: Wir führen z.B. in Österreich seit sicherlich

mehr als zehn Jahren eine Diskussion darüber, ob Ethik ein Unterrichtsfach werden soll; eingeführt wurde es bisher aber noch nicht. Daran sieht man, wie schwer es ist und wie lange es dauert, eine gesellschaftliche Übereinkunft zu erzielen, den einmal festgelegten Fächerkanon zu ändern. Es wird auch schon lange darüber diskutiert, ob man Flächenfächer einführt, also z.b. naturwissenschaftliche Fächer wie Physik, Chemie usw. zusammenzieht. Auch hier wird der Diskurs immer wieder neu aufgegriffen, aber es ist noch nicht zu einer verbindlichen Änderung gekommen, die sich auch in der Ausbildung der LehrerInnen niederschlägt. D.h. bei gesellschaftlichen Übereinkünften über Bildungsinhalte braucht es eine relativ lange Zeit, bis es zu einem Konsens kommt, und ist dieser Konsens wieder relativ schwer zu ändern.

Was Bildung ausmacht, d.h. welche Persönlichkeitsmerkmale wünschenswert und damit Bestandteile von Bildung sind, legt also die Gesellschaft fest. Diese Festlegungen sind einem kontinuierlichen, jedoch sehr langsamen Wandel unterzogen, in den sich einzelne Akteure sehr intensiv einbringen, viele andere dagegen nur wenig oder gar nicht.

Bildungsprozesse gestalten

Wie können und sollen Bildungsprozesse gestaltet werden, um möglichst viele Menschen zu möglichst hoher Bildung zu führen? Diese Frage ist Aufgabe einer Reihe von Disziplinen, so auch meiner eigenen, der Bildungspsychologie. Die Bildungspsychologie beschäftigt sich aus psychologischer Perspektive mit allen Bildungsprozessen, die zur Entwicklung der wünschenswerten Persönlichkeitsausprägungen, die Bildung konstituieren, beitragen. Sie fragt dabei auch, unter welchen Bedingungen Bildungsprozesse gut oder ungünstiger ablaufen, und welche Aktivitäten und welche Maßnahmen man setzen kann, um Individuen und Institutionen bei Bildungsprozessen zu unterstützen.

Bildungsprozesse sind, bezogen auf die Inhalte schulischer Fächer, relativ standardisiert und damit transparent und nachvollziehbar. Diese Standardisierung ist jedoch deutlich geringer, wenn es um die Förderung der Fähigkeit zum moralischen Urteil geht oder um Bildungsprozesse für spezifische kulturelle Fähigkeiten.

Wenn wir uns mit Bildung und Bildungsprozessen auseinandersetzen, dürfen wir auch nicht vergessen, dass Bildung – auch wenn sie gesellschaftlich-normativ definiert wird – immer gleichzeitig auch sehr individuell ist. Manche interessieren sich für ganz viele Bereiche und versuchen sich in möglichst allen zu bilden, andere haben ganz konkrete Bildungsschwerpunkte. Der Eine hat z.B. wesentlich mehr Bildung im musischen Bereich, weil ihm das liegt und er daher auch viel Aufwand treibt, hier immer mehr zu können; eine Andere hat ihren individuellen Bildungsschwerpunkt im sportlichen Bereich, die Dritte hat ihren Schwerpunkt im mathematisch-naturwissenschaftlichen und der Vierte im sprachlichen Bereich usw. Diese Bildungsschwerpunkte können sich über den Verlauf des Lebens ändern oder auch verstärken – in Abhängigkeit von Bildungsprozessen und der Entwicklung und Veränderung von Interessen. Dementsprechend hat die Bildungspsychologie nicht nur die Schulzeit, sondern die gesamte Bildungskarriere im Fokus. Dabei geht es ihr nicht nur um Analyse durch Forschung, sondern auch um Beratung, Prävention von unerwünschten Entwicklungen, oder um Interventionsmaßnahmen z.B. bei Lernproblemen. Dabei geht es sowohl um individuelle Lernbedingungen, wie z.B. einem einzelnen Kind am besten Lernstrategien vermittelt werden können, aber auch darum, wie Lernen in Bildungsinstitutionen wie Kindergärten und Schulen organisiert und unterstützt werden kann. Schließlich geht es auch darum, welche Effekte politische Entscheidungen, wie z.B. die Einführung der Neuen Mittelschule, sowohl im Bildungssystem als auch auf der Ebene der einzelnen SchülerInnen haben.[3]

Da sehr viele Menschen mit Bildung und Lernen vorwiegend oder sogar ausschließlich nur die Schule verbinden und damit die Altersphase von 6 bis maximal 19 Jahren, möchte ich im Folgenden ein wenig ausführlicher auf die gesamte Bildungskarriere eingehen.

1.3 Bildungskarriere –
von der Wiege bis zur Bahre

Bildung beginnt weder bei Schuleintritt noch endet Bildung mit dem Verlassen des Schul- bzw. Ausbildungssystems. Vielmehr lernen wir – salopp gesagt – von der Wiege bis zur Bahre. Die Bildungspsychologie beschäftigt sich daher zentral damit, wie man Menschen in den unterschiedlichen Phasen dieser Bildungskarriere unterstützen und fördern und wie man sie beraten kann. Inhalte und Ziele des Lernens sind jedoch in Abhängigkeit von der jeweiligen Lebensphase sehr unterschiedlich. Daher teilen wir

---

3 Das Konzept der Bildungspsychologie und sehr viele Forschungsbefunde dazu sind in dem 2010 von meinen KollegInnen Barbara Schober, Professorin an der Universität Wien, Petra Wagner, Professorin an der Fachhochschule Oberösterreich, und Ralph Reimann, Mitarbeiter beim Fonds zur Förderung der Wissenschaftlichen Forschung, herausgegebenen Lehrbuch *Bildungspsychologie* dargestellt. Auch die Themen der folgenden Abschnitte werden in diesem Buch detailliert behandelt.

in der Bildungspsychologie die Bildungskarriere in sieben Abschnitte ein.

Der erste Abschnitt der Bildungskarriere ist das Säuglings- und Kleinkindalter, in dem der Familie, den Eltern, die zentrale Bildungsfunktion zukommt. Danach kommt der Vorschulbereich, in dem mit Kinderkrippe und Kindergarten bereits eine institutionelle Bildung ermöglicht wird. Der Vorschule folgen der Primärbereich, d.h. die Phase des Volksschulbesuchs, der Sekundärbereich, in dem Neue Mittelschule (früher Hauptschule), Gymnasium oder Berufsbildende Schule besucht werden, und schließlich der Tertiärbereich, in dem die Berufsbildung erfolgt – z.b. durch eine Lehrausbildung oder durch ein Studium an einer Universität oder Fachhochschule. Auf die Bildungsabschnitte der institutionellen Bildung folgt das mittlere Erwachsenenalter; dies ist im Allgemeinen die Phase der erwerblichen Berufstätigkeit. Der letzte Abschnitt der Bildungskarriere ist das höhere Erwachsenenalter, in dem – im Vergleich zu den früheren Bildungsabschnitten – andere Interessen und Herausforderungen im Vordergrund stehen.

Bildung im Säuglings- und Kleinkindalter

Doch zurück zum Beginn des Lebens: Im Säuglings- und Kleinkindalter kommt den Eltern, der Familie, die zentrale Bildungsfunktion zu. Hier geht es sehr stark um Sozialisationsprozesse, in denen dem Kind soziale Basiskompetenzen, Selbstständigkeit und ethische Grundhaltungen vermittelt werden. Wie gehe ich mit anderen um? Was kann ich schon alleine machen, wo brauche ich Hilfe? Von wem bekomme ich diese Hilfe? Die Ergebnisse dieser in der Familie geförderten Sozialisationsprozesse sind bereits Bildungsprodukte. Gleichzeitig regen Eltern auch die intellektuelle Entwicklung ihres Kindes an, z.B. durch das Spielmaterial, welches das Kind bekommt, oder durch die Art und Weise, wie sie sich mit dem Kind beschäftigen, Fragen beantworten, mit ihm spielen. Damit tragen sie auch maßgeblich zur Entwicklung der kommunikativen Kompetenz ihres Kindes bei, d.h. wie sich das Kind ausdrückt, wie mitteilungsfähig und -bereit es ist. Neben diesen direkten Beiträgen zur Bildung des Kindes haben Eltern jedoch auch eine indirekte Wirkung auf die Bildung ihrer Kinder: Eltern sind Vorbilder. Wenn sie selbst sich für Neues interessieren, lesen, gerne etwas lernen, wird das Kind das ebenfalls tun. Das Ausmaß, in dem Eltern durch ihre Einstellung zu Bildung und Lernen, durch die Interessen, denen sie nachgehen, aber auch durch die Art und Weise, wie sie mit Misserfolgen umgehen, die Persönlichkeitsentwicklung ihres Kindes beeinflussen, ist sehr hoch. Auch wenn dies von den Eltern oft gar nicht so wahrgenommen wird.

Bildung im Vorschulbereich

Der zweite Abschnitt der Bildungskarriere ist der Vorschulbereich, d.h. Kinderkrippe, Kindergarten und Kindertagesstätte. Früher wurden Kindergärten eher als Bewahranstalten gesehen, um Eltern, die arbeiten gehen, zu entlasten. Dass die vorschulische Erziehung auch eine Form von Bildung ist und noch dazu eine ganz wichtige, hat man erst in den vergangenen Jahrzehnten so richtig wahrgenommen. Daher sind Kindergärten und Kinderkrippen in den Gemeinden auch primär dem Sozialbereich zugeordnet und nicht dem Bildungsbereich. Daran sieht man auch, wie lange es dauert, bis die mittlerweile breite Akzeptanz der Bildungsfunktion von Kindergärten auch in deren politischer Zuordnung realisiert wird. Die ElementarpädagogInnen oder KindergartenpädagogInnen definieren sich auch selbst ganz klar als PädagogInnen und sie nehmen entsprechend der anspruchsvollen Bildungsziele des Vorschulbereichs auch viele Bildungsaufgaben wahr. Zu den Bildungszielen, die Kinder vor Schuleintritt erreichen sollen, gehört z.B. die Entwicklung eines positiven Selbstkonzepts, eines Bewusstseins für Regeln, die Förderung der Experimentierlust, oder auch Empathie für andere Kinder. Was bedeutet es, wenn ein anderes Kind traurig ist? Woran kann das liegen? Das sind alles auch Vorbereitungen für die Schule, wo Kinder, die diese Kompetenzen erworben haben, leichter zurechtkommen. In Österreich haben wir erst seit ein paar Jahren auch Professuren für Elementarpädagogik eingerichtet, d.h. auch in der Wissenschaft ist der hohen Bedeutung der Bildung im Vorschulalter erst relativ spät Rechnung getragen worden.

In den USA oder in Großbritannien gibt es viele Studien die zeigen, dass alleine die Tatsache eines Kindergartenbesuchs positive Effekte hat, speziell für Kinder aus benachteiligten Familien. So müssen die Kinder z.B. viel seltener eine Klasse wiederholen. Wenn der Kindergarten zusätzlich auch noch hohe Qualität hat, zeigen sich Effekte bis ins Erwachsenenalter. Wer einen guten Kindergarten besucht hat, ist seltener arbeitslos und verdient mehr Geld. Insgesamt hat der Kindergartenbesuch somit sehr positive Effekte (detailliertere Ausführungen zum Kindergartenbesuch auch mit Blick auf die Familie finden sich im Kapitel 2.2). Diese positiven Effekte gibt es sowohl für die einzelnen Individuen, als auch für die Gesellschaft als Ganzes. Längsschnittstudien zeigen hoch übereinstimmend, dass der „return on investment" umso höher ist, je früher man

Benachteiligungen ausgleicht und Interessen und Begabungen fördert. D.h. jeder im Vorschulalter investierte Euro kommt (laut internationalen Studien) um ein Vielfaches zurück. Wenn eine Benachteiligung oder Schwäche im Vorschulalter nicht ausgeglichen wird, besteht dagegen die Gefahr, dass ein negativer Kreislauf entsteht. Das Kind erlebt in der Schule, dass es das, was andere Kinder können, selbst nicht kann und schafft. Es wird unglücklich und frustriert. Den Rückstand aufzuholen, wird immer schwieriger, der Aufwand wird immer größer. Das gilt auch für die emotionale Beeinträchtigung. Manche Kinder ziehen sich dann ganz zurück, andere werden aggressiv. Es ist somit sehr wichtig, Kinder möglichst früh zu fördern und zu unterstützen.

Bildung im Primär- bis Tertiärbereich

Primär-, Sekundär- und Tertiärbereich repräsentieren das (Aus-)Bildungssystem, welches wir alle durchlaufen. Es sind die Abschnitte der Bildungskarriere, an welche wir uns vermutlich am besten erinnern. Jeder und jede hat eine Vorstellung davon, wie in der Schule gelernt wird, was es bedeutet, sich auf eine Schularbeit vorzubereiten und diese zu schreiben; man erinnert sich auch noch an die Nervosität vor der Rückgabe der Arbeit. Auch wenn die konkreten Rahmenbedingungen nicht ident sind – Schule ist eben nicht Schule, Universität ist nicht gleich Universität – haben die Bildungsinstitutionen in diesen drei Bereichen vergleichbare Bildungsziele und sind einander auch in vielen anderen Bereichen ähnlich.

Zusätzlich zu den klassischen Themen schulischer Qualifikation und Sozialisation sind in den vergangenen Jahren auch einige weitere Themenfelder in den Blickpunkt gerückt, deren Behandlung in der Schule sehr wichtig ist, und wo es gilt, Wissen und Kompetenzen aufzubauen. Dazu gehört z.b. interkulturelle Bildung, die wir aufgrund der zunehmenden Migration von Menschen aus anderen Ländern und Kulturen dringend brauchen; oder ein adäquates Umweltverhalten; oder das Wissen um eine gesunde Lebensführung. Letzteres Thema spielt auch deshalb eine immer größere Rolle, weil immer mehr Kinder ein ungesundes Essverhalten zeigen und übergewichtig sind, mit entsprechenden Konsequenzen für die Gesundheit und die Lebenserwartung. D.h. die Schule hat neue Themenfelder, neue Aufgaben dazu bekommen, die entsprechend der Entwicklungen in unserer Gesellschaft auch immer wichtiger werden. Für diese Themenfelder gibt es keine eigenen Unterrichtsfächer, daher müssen sie entweder in einzelne Fächer integriert oder fächerübergreifend aufgegriffen werden.

Bildung im mittleren Erwachsenenalter

Auf den Tertiärbereich folgt das mittlere Erwachsenenalter. Altersmäßig betrifft es die Phase zwischen 30 und 60 Jahren. Bildung in diesem Lebensabschnitt erfolgt in zwei Bereichen: Bildung im beruflichen Bereich, d.h. innerhalb des Erwerbssystems, und Bildung im Privatbereich. Da sich der Arbeitsmarkt und seine Anforderungen in den vergangenen Jahren dramatisch verändert haben, sind Bildungsmaßnahmen im beruflichen Bereich zunehmend wichtiger geworden und haben zahlenmäßig auch deutlich zugenommen. Man kann heute nicht mehr erwarten, wie noch vor 40 oder 50 Jahren, dass man sein Leben lang den gleichen Beruf in gleicher Weise ausüben wird, womöglich noch in derselben Firma und am selben Ort. Kindern, die heute in die Schule gehen, würden wir keine derartige Prognose stellen, sondern im Gegenteil sagen: „Stell dich darauf ein, dass du dich im Leben öfters beruflich neu orientieren oder umschulen musst. Vermutlich wirst du auch deinen Berufsort ein- oder mehrmals wechseln müssen. Auch berufliche Auslandsaufenthalte sind sehr wahrscheinlich." D.h. Bildung innerhalb des Erwerbslebens ist fast schon eine Selbstverständlichkeit und wird es zukünftig noch mehr werden.

Die Ausbildungsangebote kommen einerseits vom Staat – z.B. im Falle von Arbeitslosigkeit – und andererseits von privaten Anbietern. Aufgrund der unüberschaubaren Fülle der Angebote ist die Auswahl sehr schwierig. Insbesondere auch deshalb, als es kaum Kriterien für deren Qualität gibt, und der Einzelne sich sehr schwer tut, diese zu bewerten. Hier soll der Europäische Qualifikationsrahmen künftig Vergleichbarkeit ermöglichen. Dennoch bleibt für jeden Einzelnen die Herausforderung: Wie schaffe ich es, etwas zu finden, das zu mir passt, das hohe Qualität hat, und wo das Preis-Leistungsverhältnis stimmt?

In dieser Altersphase gibt es neben der Weiterbildung innerhalb des Erwerbssystems auch viele Bildungswünsche im privaten Bereich. Zur Realisierung dieser Bildungswünsche werden insbesondere Angebote von Volkshochschulen wahrgenommen. Beispiele dafür sind z.B. das Lernen von Sprachen, Musikinstrumenten, Sportarten, etc. Neben dem Wunsch, sich weiter zu bilden, etwas zu können, spielt im Privatbereich auch häufig das Bedürfnis nach sozialen Kontakten eine Rolle. Wenn ich einen Sprachkurs besuche, lerne ich auch Menschen kennen, die sich ebenfalls für diese Sprache und die Länder, in denen diese Sprache gesprochen wird, interessieren.

Der Europäische Qualifikationsrahmen

Die Bildungssysteme in den Europäischen Ländern sind sehr unterschiedlich. Damit erwerben BürgerInnen verschiedener Länder auch unterschiedliche Bildungsabschlüsse und Qualifikationen. Zusätzlich ist nicht einheitlich festgelegt, welche Kompetenzen für welche Qualifikation vorliegen müssen. Ein Beispiel dafür ist die Ausbildung der KindergartenpädagogInnen, die in der Mehrheit der Länder auf Hochschulniveau erfolgt, in Österreich jedoch im Rahmen einer Berufsbildenden Höheren Schule. Verständlicherweise unterscheiden sich diese Ausbildungsgänge durch den Anspruch an Wissenschaftlichkeit.

Gleichzeitig haben wir in Europa und auch international eine immer höhere Mobilität der Menschen, womit sich die Frage der Anerkennung von Abschlüssen stellt. Es gibt jedoch viel an Wissen und Kompetenzen, die wir außerhalb der klassischen Bildungsinstitutionen wie Schule, Universität oder Lehre erwerben. Die Anerkennung von Bildungsergebnissen ist noch viel schwieriger, wenn diese in non-formalen Institutionen erworben wurden, wie z.B. Volkshochschulen oder privaten Anbietern von Kursen. Die größte Herausforderung stellt jedoch die Anerkennung von Ergebnissen des informellen Lernens dar. Darunter wird ein Lernen verstanden, das im Alltag, am Arbeitsplatz, im Familienkreis oder in der Freizeit stattfindet. Ich kann ja auch dadurch, dass ich mir selbst etwas beibringe oder dadurch, dass ich im Fernsehen eine Dokumentation anschaue, Bücher lese usw., Wissen und Kompetenzen erwerben. Gerade das informelle Lernen bzw. das Lernen aus Kursangeboten wird zunehmend wichtiger.

Um eine bessere Vergleichbarkeit zwischen den Ländern der Europäischen Union herzustellen und auch die Ergebnisse von Lernen außerhalb der klassischen Bildungsinstitutionen anzuerkennen, werden derzeit ein Europäischer Qualifikationsrahmen und parallel dazu nationale Qualifikationsrahmen (auch in Österreich) entwickelt. Der Europäische Qualifikationsrahmen hat acht Stufen – vom Pflichtschulniveau (1. Stufe) bis zum Doktoratsniveau (8. Stufe). Die Idee des Qualifikationsrahmens und die mögliche Anerkennung von allem, was wir wissen und können, ist ohne Zweifel notwendig und daher sehr zu begrüßen. Denn er würde auch Personen unterstützen, die aus sozial schwachen Schichten kommen, die von den Eltern nicht unterstützt werden konnten in ihrer schulischen oder universitären Ausbildung, die aber begabt und interessiert sind und sich Wissen und Können auf andere Weise als in der Schule oder Hochschule angeeignet haben. Allerdings ist die Umsetzung enorm schwierig und wird sicherlich noch viele Jahre benötigen.

Bildung im höheren Erwachsenenalter

Der letzte Abschnitt der Bildungskarriere ist das höhere Erwachsenenalter. Die Wünsche nach Bildung betreffen in dieser Lebensphase fast nur mehr den Privatbereich. Die Umfragen bei älteren Menschen, wie sie sich bilden und lernen, zeigen, dass dies vor allem im Alltag geschieht, durch Lesen, Unterhaltungen, durch Fernsehen und Radio hören. Bildungsangebote von Volkshochschulen oder Universitäten werden nur von sehr wenigen Menschen genutzt. Als Motive für Bildung nennen ältere Menschen Informationsgewinn – sie wollen Wissen über Themen erwerben, die sie besonders interessieren, oder auch konkrete Lebenshilfe bekommen. Weitere Motive sind Kommunikation und soziale Kontakte. Wer sehr alt wird, erlebt auch den Verlust von Freunden und Bekannten. Bei Bildungsangeboten können neue Kontakte geknüpft werden. Ein weiterer Grund für Bildung im Alter ist das Nachholen von Bildungsmöglichkeiten, die früher versäumt wurden oder nicht möglich waren, wie z.B. ein Studium.

Da wir jedoch alle immer älter werden und damit die Lebensphase außerhalb der Berufstätigkeit immer länger wird, werden wir auch Bildungsangebote brauchen, die ältere Menschen dabei unterstützen, länger selbstständig zu bleiben, und damit darauf abzielen, notwendige Fähigkeiten und Kompetenzen zu erhalten. Daher wird Bildung im Alter zunehmend wichtiger werden.

Lernen für die Vierte Industrielle Revolution

Viele Forscherinnen und Forscher, aber auch Wirtschaftsbosse prognostizieren, dass wir in den nächsten Jahren, vielleicht auch Jahrzehnten, eine dramatische Revolution im Technikbereich haben werden. Diese Revolution soll mindestens so umwälzend werden, wie die Industrielle Revolution, die ab der zweiten Hälfte des 18. Jahrhunderts und verstärkt im 19. Jahrhundert ausgehend von England, in vielen Teilen der Welt zum Übergang von der Agrar- zur Industriegesellschaft geführt hat. Plötzlich haben Maschinen die Handarbeit der Menschen abgelöst und damit auch Lebensumstände, Einkommen, soziale Zustände, Gesundheit, Siedlungsstrukturen und vieles mehr verändert.

Die Prognose für die sogenannte Vierte Industrielle Revolution oder Industrie 4.0 lautet, dass Maschinen mehr und mehr lernen werden, miteinander zu kommunizieren. Bei verschiedenen technischen Arbeiten wird man kaum mehr Zwischenschritte durch den Menschen brauchen. Wir können uns das kaum vorstellen, aber die Herausforderung wird sein: Was tun mit den Menschen, deren Arbeit dann wegfällt? Laut einer Studie der Oxford-Ökonomen Carl Benedikt Frey und Michael A. Osborne aus dem Jahre 2013, könnten in 10 bis 20 Jahren durch Automatisierung und die gleichzeitige Digitalisierung 47 Prozent der Beschäftigten in den USA arbeitslos sein. Vermutlich wird es neue Bereiche geben, wo die Leistung von Menschen benötigt wird. Aber das sind vielleicht nicht jene Bereiche, wo wir sie jetzt brauchen. Das bedeutet, dass die Menschen bereit und offen dafür sein müssen, Neues zu lernen, damit sie mithalten können.

Die Schule muss also dafür sorgen, dass die Menschen laufend Neues lernen können. Sie muss die jungen Menschen darauf vorbereiten, dass sie ständig mit Veränderungen leben werden müssen, und das nicht als Bedrohung sehen, sondern als Selbstverständlichkeit. Die Prognose ist, dass diese Entwicklung unser gesamtes Leben durchziehen wird, und zwar in einem derartigen Ausmaß, dass viele Tätigkeiten, wie z.B. das Autofahren, durch automatisierte Systeme übernommen werden, wie wir es jetzt vielleicht nur aus Science Fiction-Filmen kennen.

Wir werden in Wohnumgebungen leben, wo faktisch alles technisiert ist. Heizung, Lüftung, Beleuchtung, Sicherheitssysteme, Reinigung – alles wird laut Prognose durch Sensoren und Motoren von vernetzten Geräten und Einrichtungsgegenständen gesteuert werden. Bis dazu, dass wir alle unsere 3-D-Drucker haben, mit denen wir uns die Dinge, die wir brauchen oder gerne hätten, selbst drucken. Das alles klingt nach ferner Zukunft, aber die ersten Ansätze oder Prototypen gibt es z.T. bereits.

Man kann sich vorstellen, dass man für so eine Welt sehr viel mehr und Anderes wissen und können muss, als heute. Wobei wir ja auch heute schon vieles wissen müssen, von dem unsere Eltern oder Großeltern keinerlei Vorstellung haben konnten. Kaum ein Haushalt kommt heute ohne Computer und Internet aus, und damit muss man über Modems, Netzwerke, Hardware, Software, Viren, Firewalls und vieles mehr Bescheid wissen. Oder denken wir daran, dass wir seit einigen Jahren nicht mehr nur *einen* Strom- oder Telefonanbieter haben, sondern viele verschiedene, die ständig ihre Tarife und Geschäftsbedingungen ändern. Wir müssen uns in diesem Dschungel zurecht finden und laufend überprüfen, ob wir den Anbieter wechseln müssen. Und jetzt kommen auch noch die „Smart Meter", also sogenannte Intelligente Stromzähler, die uns in Zukunft vielleicht sagen, wann wir die Wäsche waschen sollen, oder unsere Lebensgewohnheiten ausspionieren, damit wir dann „bestens passende" Marktangebote erhalten.

Man sieht also, wer nicht ständig Neues dazulernt, gerät in Gefahr, auf der Strecke zu bleiben. Das bedeutet aber auch, dass wir möglichst rasch die Bildungsinstitutionen „fit" dafür machen müssen, dass sie uns darauf vorbereiten.

1.4 Lebenslanges Lernen –
Bedrohung oder Notwendigkeit?

Der Begriff „Lebenslanges Lernen" klingt für manche Menschen wie eine Bedrohung. Manchmal wird sogar scherzhaft gesagt, es klinge wie „Lebenslänglich" als Gefängnisstrafe. Der Grund dafür ist, dass für viele die Schule nicht positiv besetzt ist und sie keine guten Erinnerungen an das Lernen haben. Da ist es nicht verwunderlich, dass die Vorstellung, lebenslang zu lernen bzw. lebenslang lernen zu müssen, bedrohlich klingt.

Aber „Lebenslanges Lernen" meint natürlich nicht, dass man ununterbrochen lernt, sondern nur, dass man bereit ist, aus eigenem Interesse oder aus beruflichen Gründen etwas dazuzulernen, dass man offen dafür ist und auch in der Lage, es zu schaffen.

Das Interessante ist, dass der Begriff „Lebenslanges Lernen" und auch die Forderung es zu tun, gar nicht aus der Wissenschaft kommt, die ja zum Thema Lernen sehr intensiv forscht, sondern aus der Europäischen Bildungspolitik. Sie hat damit auf Veränderungen in unserer Gesellschaft durch die Informations- und Kommunikationstechnologien reagiert. Die Verbreitung und Verarbeitung von Informationen wurden neben der industriellen Produktion immer wichtiger, Wissen wurde und wird immer mehr zum entscheidenden Gut. Wir sprechen daher auch von der „Wissensgesellschaft".

In einer Welt, in der das Wissen ununterbrochen ansteigt und die Informationsmöglichkeiten zunehmen, müssen wir auch lernen, damit umzugehen – im Berufsleben genauso wie im Alltag. Kaum ein Arbeitsplatz bleibt von technischen Entwicklungen und digitalen Technologien verschont, und kaum ein Lebensbereich kommt heute ohne das Internet und digitale Medien aus. Immer raschere technische und gesellschaftliche Veränderungsprozesse führen zu immer höheren und neuen Qualifikationsanforderungen auf allen Ebenen. Wenn wir mit den Entwicklungen in anderen Erdteilen, z.B. in den USA oder China mithalten wollen, dann müssen wir ein Leben lang Neues dazulernen. Das betrifft jeden Einzelnen sowie die Gesellschaft als Ganzes. Daher hat die europäische Bildungspolitik lebenslanges Lernen als Herausforderung und Aufgabe für die BürgerInnen der Europäischen Union formuliert. Das heißt, der Begriff „Lebenslanges Lernen" bzw. der englische Begriff „Lifelong Learning" (= LLL) kommt eigentlich aus der Bildungspolitik.

In den einschlägigen Wissenschaften wie Bildungspsychologie oder Erziehungswissenschaften, beschäftigen wir uns schon sehr lange mit dem Lernen. Die Forderung der Bildungspolitik hat uns jedoch vor eine neue Herausforderung gestellt: Wie schaffen wir es, einzelne Individuen darauf vorzubereiten, dass sie lebenslang erfolgreich lernen können?

Mittlerweile sind sich die ForscherInnen einig, dass es für erfolgreiches LLL zwei Kernfaktoren gibt: (1) Bildungs- und Lernmotivation, d.h. eine grundsätzliche Bereitschaft und Offenheit für Neues, und (2) die Kompetenzen, diese Motivation für Bildung und Lernen auch erfolgreich realisieren zu können. Das bedeutet, dass ich Lernen und neues Wissen als wichtig und wertvoll ansehe und gleichzeitig in der Lage bin, mir selbstständig Wissen anzueignen und adäquat einzusetzen, d.h. selbstreguliert, selbstorganisiert zu lernen. In der Schule kann mich eine Lehrperson unterstützen oder in der Familie die Eltern, aber wenn ich später im Leben weiterlerne, ist vielleicht niemand da, der mich unterstützt. Deshalb muss ich es auch selbstständig tun können.[4]

Da alle Menschen in der Lage sein sollten, erfolgreich lebenslang zu lernen, muss die Schule darauf vorbereiten und den Grundstein dafür legen. Es gilt, möglichst frühzeitig anzusetzen und die angeborene Neugierde von Kindern zu einer nachhaltigen Bildungsmotivation zu entwickeln. Die Schule sollte auch die Kompetenzen vermitteln, dass ich mein Lernen selbst organisieren kann. Dabei kommt natürlich den LehrerInnen eine ganz zentrale Rolle zu.

Lernmotivation und Lernstrategien

Um erfolgreich selbstständig zu lernen, braucht es Lernstrategien. In der Forschung zum selbstregulierten Lernen unterscheiden wir drei Arten von Lernstrategien: die kognitiven Lernstrategien, die metakognitiven Strategien, und das Ressourcenmanagement.

Die **kognitiven Lernstrategien** setze ich ein, wenn ich einen neuen Stoff lerne: Lerne ich am besten, indem ich mir etwas auswendig aufsage? Indem ich es mir immer wieder durchlese? Indem ich versuche, mir Fragen zu stellen? Indem ich etwas lese und mit einem Marker unterstreiche? Die Studien dazu zeigen z.B., dass Wiederholen keine sehr erfolgreiche Lernstrategie ist, vor allem, wenn ich mir etwas länger merken will. Wenn ich mir dagegen Fragen zum Lehrstoff stelle, oder mir überlege, was ich bisher zu diesem Thema schon weiß und wie der neue Stoff dazu passt, merke ich es mir länger und besser.

---

4 Siehe dazu auch das Kapitel über LLL im Nationalen Bildungsbericht 2009 unter https://www.bifie.at/nbb.

Metakognitive Lernstrategien sind auf einer anderen Ebene angesiedelt. Dazu gehört das Setzen von Lernzielen aber auch die Überwachung des eigenen Lernens. Lerne ich wirklich oder höre ich parallel Radio oder checke die Kommentare in Facebook? Halte ich mein Tagespensum an Lernen ein, oder bin ich schon weit im Rückstand? Diese Selbstüberwachung des Lernens ist für LLL sehr wichtig, weil ich daraus lerne, mir die Zeit richtig einzuteilen und auch herauszufinden, woran es gelegen hat, wenn eine Lernvorbereitung nicht geklappt hat.

Beim **Ressourcenmanagement**, der dritten Art von Lernstrategie, geht es einerseits darum, wie ich meine Motivation aufrecht halte, wenn ich z.B. über Wochen hinweg sehr viel für eine Prüfung lernen muss – wir nennen das interne Ressourcen, und andererseits um externe Ressourcen, die ich für das Lernen benötige, wie z.B. Unterstützung von anderen. Manchmal hat man keine Lust zum Lernen, weiß aber gleichzeitig, dass man durchhalten muss, weil die Prüfung schon bald bevorsteht. Dafür muss ich Wege finden, mich selbst anzutreiben und bei der Stange zu halten. Ich kann mir z.B. Ziele mit Belohnungen setzen: Wenn ich dieses Kapitel geschafft habe, gehe ich am Abend ins Kino, aber nur, wenn ich es wirklich geschafft habe. Oder ich überlege schon im Vorfeld des Lernens, wann ich Unterstützung brauche, z.B. jemanden, der mir etwas erklärt oder jemanden, der mich wieder aufmuntert, wenn ich nicht vorankomme. Ich sollte auch gleich überlegen, wer das sein könnte. Da es sehr schwierig ist, die Lernmotivation über einen langen Zeitraum aufrecht zu erhalten, wenn es sich um einen sehr umfangreichen Lernstoff handelt, ist das Ressourcenmanagement ebenfalls für erfolgreiches LLL sehr wichtig.

Lernmotivation und selbst organisiertes Lernen werden in der Forschung auch als Prozess gesehen, in dem diese Lernstrategien zum Einsatz kommen. Der Prozess umfasst drei Phasen: Die erste Phase ist vor dem eigentlichen Lernen. Hier sollte ich klären, wie wichtig es mir ist, die Lernaufgabe zu schaffen. Will ich z.B. auf eine Schularbeit oder eine Prüfung eine gute Note haben oder reicht es mir, positiv zu sein? Wenn ich mich auf ein Bewerbungsgespräch vorbereite, ist es mir sicherlich wichtig, sehr gut abzuschneiden, damit ich die Stelle bekomme. Zusätzlich zu den Zielen, die ich mir setze, ist für das spätere Lernen jedoch auch sehr wichtig, wie groß mein Selbstvertrauen ist, dass ich es auch schaffe. Das hängt natürlich mit der konkreten Lernaufgabe zusammen und deren Inhalt. Wenn ich z.B. immer höre, dass ich einfach nicht begabt bin für Mathematik, dann werde ich mir wahrscheinlich nicht zutrauen, die Prüfung erfolgreich zu schaffen. Wenn LehrerInnen und Eltern klagen, dass ein Kind nicht lernen will, liegt das oft daran, dass das Kind nicht das Selbstvertrauen hat, es zu schaffen. Daher fängt es gar nicht erst an. Um Lernen gut zu starten, brauche ich beides – einerseits das Zutrauen zu mir selbst und andererseits Ziele, wo ich hin möchte.

Dann kommt die eigentliche Lernphase. Als Erstes schaffe ich mir einen Überblick, mache einen Zeitplan, einen Arbeitsplan. Dazu sollte ich mir folgende Fragen stellen: Wie soll ich den Stoff einteilen? Wie lange werde ich fürs Lernen brauchen? Welche Unterlagen brauche ich? Brauche ich Unterstützung von Personen, die mich beraten oder mit denen ich über den Stoff diskutieren kann? Hier kommen die Metakognitiven Strategien und das Ressourcenmanagement zum Einsatz. Für das konkrete Lernen setze ich die passenden kognitiven Lernstrategien ein.

Erfolgreiche Lernprozesse enden in der dritten Phase mit einer Reflexion des gesamten Lernprozesses und des Lernergebnisses. Wie ist das Lernen gelungen? Was ist nicht so gut gelungen? Warum? Kann ich Feedback von einer Lehrperson oder jemand anderem erhalten? Wenn ich nicht erfolgreich war, z.B. eine Prüfung nicht geschafft habe, sollte ich nicht daraus ableiten, dass ich eben für dieses Fach nicht begabt bin, sondern vielmehr überlegen, ob ich zu wenig oder das Falsche gelernt habe, ob meine Lernstrategien nicht geeignet waren. Das kann ich mit einer Lehrperson besprechen, mit FreundInnen, die es gut geschafft haben, oder auch selbst herausfinden, wie ich es beim nächsten Mal besser machen kann. Wenn ich das nicht überlege, besteht die Gefahr, dass ich bei der nächsten Lernaufgabe wieder scheitere oder gar nicht erst anfange zu lernen.

Johannesskolan Malmö: Die Letzten wurden die Ersten
In einem sozialen Brennpunktbezirk in Malmö in Schweden liegt die Johannesschule. Die Abschlussklassen dieser Schule gehörten seit Jahren zu den schlechtesten des Landes. Fast die Hälfte der SchülerInnen fiel üblicherweise beim standardisierten Abschlusstest durch und hatte auch keine Motivation zu lernen. Es gab daher sogar Überlegungen, die Schule zu schließen. Ein Filmregisseur wurde darauf aufmerksam. Seine Überlegung war: Es kann doch nicht sein, dass in dieser Schule alle SchülerInnen völlig unbegabt sind. Es muss doch auch etwas mit dem Unterricht und den LehrerInnen zu tun haben. Daher startete er ein Experiment: Er lud Schwedens beste LehrerInnen ein, ein halbes Jahr lang in einer neunten Klasse der Schule, der letzten vor dem

Abschluss der gemeinsamen Grundschule, zu unterrichten. Er suchte diese „SuperlehrerInnen" über mehrere Monate in ganz Schweden und fand genügend, die bereit waren, an diesem Experiment teilzunehmen.

Die Kamera war beim Unterricht immer dabei und die Zuschauer des Fernsehsenders SVT konnten in der Doku-Soap „Klass 9A" (Klasse 9A) wöchentlich mitverfolgen, wie sich die SchülerInnen entwickelten. Es zeigte sich, dass die „SuperlehrerInnen" wirklich super waren. Sie schafften es, die 9A zur drittbesten Klasse Schwedens zu machen. Am Ende des Schuljahres erhielten 95 Prozent der SchülerInnen die Zulassung für eine weiterführende Schule – ein überdurchschnittlich gutes Ergebnis.

Wie hatten die LehrerInnen das geschafft? Durch den Aufbau von Selbstvertrauen, durch individuelle Förderung und Motivierung und natürlich auch durch Disziplin, die schließlich auch zur Selbstdisziplin bei den SchülerInnen führte. Einer der Lehrer, der richtiggehend zum Fernsehstar wurde, sagte z.B. in der ersten Stunde, die er in der Klasse hatte, zu den SchülerInnen: „Ich bin neu hier und kenne euch nicht. Sagt mir, was ihr gut könnt." Die SchülerInnen murrten: „Nichts. Mathe und die anderen Fächer interessieren uns nicht. Das können wir nicht." Er erwiderte daraufhin: „Mich interessiert überhaupt nicht, ob ihr die schulischen Fächer könnt. Was könnt ihr außerhalb der Schule gut?" Die SchülerInnen haben schließlich erzählt, dass sie tolle Kunststücke mit dem Skateboard fahren können oder einen hohen Level bei einem Computerspiel erreicht haben. Der Lehrer fragte sie dann, wie sie das geschafft hätten, in einer Sache so gut zu werden. So brachte er sie darauf, darüber nachzudenken, wie man erfolgreich lernen kann.

Denn auch bei Skateboard und Computerspiel braucht es Anstrengung und Lernstrategien; und Interesse und Motivation steigern sich durch jeden neuen Erfolg.

Dieses Selbstvertrauen aus einem Bereich, in dem man erfolgreich ist, hinein zu holen in die Schule, das war das Geheimnis des Erfolges der 9A in der Johannesschule.

Die Arten des Wissens

Selbstreguliertes Lernen ist also ein Prozess, den ich erfolgreich durchlaufe, wenn ich verschiedene Lernstrategien gezielt anwende. Zusätzlich muss ich jedoch auch berücksichtigen, welche Art des Wissens ich erwerben will. In der Lernforschung unterscheiden wir drei Wissensarten: Das deklarative Wissen oder Faktenwissen, das prozedurale Wissen oder Handlungswissen und das konditionale Wissen. Das ist das Wissen darüber, wie ich das Handlungswissen an die konkrete Situation anpasse.

Ich will diese drei Wissensarten an einem Beispiel aus dem Medizinstudium erläutern. Wenn jemand Medizin studiert, lernt er z.B. auch, wie eine Blinddarmoperation durchgeführt wird, wie die einzelnen Schritte ablaufen und worauf man besonders achten muss. Dieses Faktenwissen, das man z.B. aus einem Lehrbuch gewinnt, stellt die Grundlage dar.

Ich muss jedoch wissen, wie ich die Handlungsanleitung, die ich aus einem Buch habe, umsetze. Dafür muss ich auch wissen: Wo setze ich den Schnitt? Wie lang? Wie ist es überhaupt, wenn ich menschliches Gewebe durchschneide? Wie wird der Schnitt geschlossen? Und so weiter. Diese Umsetzung des Faktenwissens in konkrete Handlungen ist das prozedurale Wissen. Im günstigsten Fall probiere ich es an einem Modell aus.

Zusätzlich muss ich jedoch auch in der Lage sein, mich an die konkrete Situation anzupassen. Bleiben wir beim Beispiel Blinddarmoperation: Der Blinddarm liegt nicht bei allen Menschen exakt an der gleichen Stelle. Manchmal hat er eine stärkere Krümmung, manchmal eine geringere. Manchmal ist er länger, manchmal ist er kürzer, manchmal hat er Verwachsungen. D.h. ich muss mein theoretisches und prozedurales Wissen an die jeweilige Situation in der Praxis anpassen können. Dafür brauche ich Erfahrung und Austausch mit KollegInnen und ExpertInnen in diesem Bereich.

Wenn ich alle drei Wissensarten erworben habe, ist ein Wissen gut verankert, dann habe ich Kompetenz in diesem Bereich. Darum sind Wissen und Kompetenz auch kein Gegensatz, Wissen ist der erste Schritt zur Kompetenz (auf Wissen und Kompetenz gehe ich im Kapitel 2.4 noch ausführlicher ein).

Wenn Menschen klagen, dass sie vieles von dem, was sie in der Schule gelernt haben, wieder vergessen haben, dann hatten sie sich vermutlich nur Faktenwissen angeeignet und kein Handlungswissen und schon gar kein konditionales Wissen. Daher ist die grundsätzliche Forderung, dass junge Menschen in der Schule nicht nur Wissen, sondern auch Kompetenzen erwerben sollen, sie also bis zu diesem konditionalen Wissen geführt werden sollen, sinnvoll und richtig. Auch wenn es manche Bereiche gibt, wo es weniger leicht ist, Faktenwissen in Handlungs- und konditionales Wissen umzusetzen.

Das Interessante ist, dass diese Forderung nach Kompetenzen relativ neu ist, und zwar für die Schule und für die Hochschule; für letztere wird sie im Bologna-Konzept gefordert. Die Umsetzung ist jedoch nicht einfach und bedeutet auch ein Umdenken und eine Herausforderung für die Lehrenden. Das gilt auch für die Universitäten. Früher war es an Universitäten üblich, dass man sich in der Vorlesung vor die Studierenden hinstellte und ihnen über Theorien und Forschung aus seiner Disziplin erzählte, d.h. reines Faktenwissen vermittelte. Sie lernten diese Theorien auswendig, spulten das bei der Prüfung herunter, und fertig. Eigentlich sollten sie aber auch in der Lage sein, diese Theorien im Handeln anzuwenden. Sogar in der Medizin war es bis vor ungefähr 15 Jahren üblich, „lecture-based" zu unterrichten, also alles in Vorlesungen. Die Studierenden haben nach Lehrbüchern unglaublich viel auswendig gelernt, hatten aber wenig Bezug zur Anwendung des Wissens bei PatientInnen. Heute setzt man auf das „problem-based teaching". Wobei das „problem-based" das „lecture-based" Unterrichten nicht ersetzen kann, sondern es geht vielmehr um die Kombination von beiden.

Was wäre so ein Problem? Wenn zum Beispiel ein Patient in die Ordination kommt und sagt, er habe Bauchschmerzen, dann kann ich als Arzt oder Ärztin nicht von ihm erwarten, dass er mir sagt, ob das etwas Internistisches oder etwas Chirurgisches ist. Ich muss vielmehr aus der Anatomie, der Internen Medizin, der Chirurgie usw. wissen, was mögliche Ursachen für die Beschwerden sein könnten. Ich muss auch wissen, welche Fragen ich dem Patienten stelle, um zur richtigen Diagnose zu kommen. Das Faktenwissen bildet also die Basis, ich muss aber auch wissen, wie ich dieses Faktenwissen integriere und bei einem konkreten Patienten anwende.

Damit sind wir wieder beim Thema Motivation, denn das Interesse etwas zu lernen, ist vermutlich höher, wenn ich weiß, wo ich es nachher anwenden kann. Es geht ja den meisten so: Wenn ich den Eindruck habe, ich soll etwas lernen, was mich nicht interessiert und wo ich den Zweck nicht sehe, habe ich nur wenig Lust, es auch zu tun.

Bei einem Medizinstudium ist der Nutzen von Lernen verständlicherweise leicht nachvollziehbar. Es ist eine viel größere Herausforderung, Interesse an schulischen Fächern wie z.B. Mathematik zu wecken, dem Fach, das am meisten gefürchtet wird. Hier ein Beispiel, wie man das Interesse zumindest bei einer Teilgruppe von SchülerInnen wecken könnte. Wenn jemand gerne und oft kocht, kommt er immer wieder in die Situation, dass die Mengenangaben bei einem Rezept nicht passen. Denn die sind fast immer für vier Personen berechnet, aber ich will vielleicht nur für zwei oder für mehr als vier Personen kochen. Wie rechne ich das jetzt aber um? Dann habe ich vielleicht die Motivation, Schlussrechnung und Prozentrechnung zu verstehen, weil ich sie ja brauche. Oder wenn ich für das Backen eines Gugelhupfs nur eine kleinere Form habe. Vielleicht muss ich sogar ein Volumen ausrechnen oder zumindest in einer Überschlagsrechnung schätzen können. Das ist genau die Herausforderung für LehrerInnen: Wie schaffe ich es, das Interesse der SchülerInnen zu wecken, mit der Erschwernis, dass sich nicht alle für Kochen interessieren. Viele LehrerInnen haben dazu schon sehr gute Ansatzpunkte entwickelt und auch erfolgreich umgesetzt (siehe z.B. die Beispiele in Kapitel 1.5).

1.5 Wie kann man lebenslanges Lernen lernen?

Sollte es jemals möglich gewesen sein, alles bedeutsame Wissen einer Zeit zu erwerben – im Wissens- und Informationszeitalter ist das vorbei; es gibt keine Universalgelehrten mehr. Durch die technischen Entwicklungen wird

Wissen immer kurzlebiger. Das bedeutet, dass man in der Lage sein muss, sich bei Bedarf das momentan benötigte Wissen anzueignen. Dazu benötigt man – wie im vorigen Abschnitt ausgeführt – die Motivation zum Lernen und die Kompetenzen, diese Lernmotivation erfolgreich realisieren zu können. Neben der Vermittlung von fachlichen Inhalten ist es daher eine zentrale Aufgabe der Schule, den Grundstein dafür zu legen, dass Menschen auch im späteren Leben erfolgreich selbstorganisiert lernen können, und die Neugierde, mit der Kinder in die Schule kommen, als Lern- und Bildungsmotivation aufrecht zu erhalten.

Leider zeigen viele internationale Studien, aber auch unsere eigenen Studien in Österreich, dass die aktuelle Situation, was die Lernmotivation und das selbstorganisierte Lernen von SchülerInnen betrifft, nicht sehr positiv ist. Das Interesse am Lernen und die Lernzielorientierung – ich setze mir für das Lernen konkrete Ziele – nehmen über die Schulzeit hinweg ab. Auch die Kompetenzen, selbstreguliert lernen zu können, werden von den SchülerInnen relativ niedrig eingestuft. Wobei besonders erstaunlich ist, dass ältere SchülerInnen ihre Kompetenzen, selbst organisiert zu lernen, schlechter einstufen als die jüngeren. Ältere müssten es doch besser können. Daraus kann man nur ableiten, dass das Selbstvertrauen, das eigene Lernen erfolgreich organisieren zu können, abnimmt.

Woran liegt das? Auf der einen Seite hat es wohl mit den sichtbaren Lernerfolgen zu tun. Je älter die SchülerInnen werden, je höher die Klasse, die sie besuchen, desto mehr müssen sie lernen. Gleichzeitig bekommen sie immer schlechtere Noten, wie die Schulstatistiken und der nationale Bildungsbericht zeigen. Stellen Sie sich ein Unternehmen vor, in dem die MitarbeiterInnen immer mehr arbeiten und gleichzeitig immer weniger verdienen. Das kann nicht funktionieren. Auch in der Schule gibt es Probleme. So zeigen unsere eigenen Studien, dass die Schule als Lernort umso weniger beliebt ist, je älter die SchülerInnen sind. Dieser Wandel ist nachvollziehbar: Ich wende viel Zeit auf, mache mir Druck vor Prüfungen, ohne den gewünschten Erfolg zu erreichen. Dazu erlebe ich oft auch noch Druck von den Eltern. Das alles geschieht in einer Phase, in der ich aufgrund der Pubertät emotional oft mit ganz anderen Dingen beschäftigt bin. Als Konsequenz dieser Misserfolge glauben auch viele SchülerInnen, dass die eigenen Fähigkeiten oder Fähigkeitsmängel stabil sind, also nach dem Motto „Ich bin halt für Mathematik nicht begabt" oder „Ich kann keinen guten Aufsatz schreiben" oder „Französisch erlerne ich nie". Am Ende steht die Überzeugung: „Das schaffe ich nie!"

Ein weiterer Grund für das geringe Zutrauen selbst organisiert lernen zu können und insbesondere die Abnahme des Zutrauens über die Schulzeit, liegt daran, dass die Kompetenzen nicht ausreichend vermittelt und gefördert werden. Denn auch die Lehrpersonen schätzen diese Kompetenzen bei ihren SchülerInnen nicht sehr hoch ein. Unsere Studie dazu zeigte auch, dass dies zumindest zum Teil daran liegt, dass die LehrerInnen sich selbst gar nicht zutrauen, ihren SchülerInnen Lernmotivation und selbstreguliertes Lernen zu vermitteln. In dieser Studie wollten wir auch wissen, woran es aus ihrer Sicht liegt, dass SchülerInnen in der Schule erfolgreich, respektive nicht erfolgreich sind. Dazu haben wir den LehrerInnen folgende Fragen gestellt: Wenn ein Schüler oder eine Schülerin eine gute Note hat, woran liegt das? Und umgekehrt: Wenn ein Schüler oder eine Schülerin eine schlechte Note hat, woran liegt das? Sie konnten diese Fragen offen beantworten, d.h. wir haben ihnen keine Antwortbeispiele vorgegeben. Und was ist herausgekommen? Die Lehrerinnen sind der Ansicht, dass die Leistung mit der Begabung des Schülers, der Schülerin zu tun hat, wie viel er oder sie gelernt hat, ob es Unterstützung von den Eltern gibt, usw. Aber was sie kaum glauben, ist, dass es etwas mit ihrem Unterricht oder mit der Schule zu tun hat.

Dieses Ergebnis ist aus unserer Sicht in mindestens zweierlei Hinsichten problematisch: Einerseits, weil die LehrerInnen damit auch keine Mitverantwortung an den Leistungen der SchülerInnen übernehmen, und andererseits, weil sie damit auch kaum Erfolge einfahren können. Dabei ist es doch toll, wenn ich als Lehrperson z.B. sagen kann, ich habe einen Schüler, der große Probleme mit dem Lernen hatte und nicht daran geglaubt hat, dass er Physik schaffen wird, so unterstützt, dass er doch erfolgreich war. Darauf kann ich doch stolz sein. Wenn ich aber nicht glaube, dass ich wirksam sein kann, dann kann ich mich auch nicht als erfolgreich erleben.

Damit die Schule den Grundstein für LLL legen kann, braucht man jedoch die LehrerInnen. Daher ist es wichtig, dass man bei der Förderung von Bildungsmotivation und selbstorganisiertem Lernen bei den Lehrpersonen ansetzt und zwar bereits in der Grundausbildung. Wir selbst haben ein Trainingsprogramm zur Förderung von LLL entwickelt, das sich an LehrerInnen richtet, aber gleichzeitig ein Schulentwicklungsprogramm ist. Meine MitarbeiterInnen und ich arbeiten schon viele Jahre praktisch mit LehrerInnen und Schulen. Über all die Jahre haben wir dabei etwas gelernt, was mittlerweile viele KollegInnen in anderen Ländern genauso sehen. Nämlich, dass die individuelle Weiterbildung von LehrerInnen, so begrüßenswert sie ist, das System Schule nicht verändert. Wenn der Lehrer, die Lehrerin nach dem Kurs oder Seminar in die Schule zurückkommt, ist es ohnehin schwierig, das Neue gegen die alten Gewohnheiten umzusetzen. Wenn aber das ganze Umfeld das weder wahrnimmt noch unterstützt, wird es noch schwieriger. Das ist die Situation, die viele engagierte LehrerInnen vorfinden. Damit verändert sich das System nicht. D.h. wenn wir etwas verändern wollen, müssen wir bei der Schulentwicklung ansetzen und mit ganzen Schulen arbeiten. Wir machen es auch nur mehr so.

Für Schulentwicklung ist es ganz wichtig, dass sich der ganze Lehrkörper plus Schulleitung gemeinsam auf den Weg macht und sagt: „An diesem Thema wollen wir arbeiten, und zwar alle gemeinsam. Wir holen uns dafür auch Personen von außerhalb der Schule, die hier Expertise haben, wir arbeiten mit ihnen, und lassen uns dabei begleiten, wie wir es umsetzen." Das ist die beste Form der Schulentwicklung, von der alle profitieren, am meisten die SchülerInnen. Denn wenn die LehrerInnen gemeinsam etwas verändern wollen, das Selbstvertrauen haben es zu schaffen, und dabei unterstützt werden, dann wird es auch gelingen.

Trainingsprogramm TALK

TALK ist das Akronym für „Trainingsprogramm zum Aufbau von LehrerInnen-Kompetenzen". Bei TALK geht es um die theoriegeleitete und systematische Förderung von Bildungsmotivation und selbstreguliertem Lernen in der Schule, d.h. um die Förderung von LLL. Es ist eine Kombination von LehrerInnenweiterbildung und Schulentwicklung. Wir haben direkt mit LehrerInnenteams aus verschiedenen Schulen gearbeitet, die Schulleitungen sind dahinter gestanden, und weitere LehrerInnen der Schulen wurden in einer späteren Phase des Trainings ebenfalls eingebunden. Um es gleich vorwegzunehmen: TALK hatte sehr positive Effekte. Für die Evaluation haben wir die TALK-Versuchsschulen mit Kontrollschulen, die kein Training erhielten, verglichen. Durch TALK haben die LehrerInnen gelernt, wie sie den SchülerInnen besser LLL-Kompetenzen vermitteln können. Die SchülerInnen, die gar nicht wussten, dass wir ein Trainingsprogramm mit ihren LehrerInnen gemacht haben, haben gemerkt, dass sich im Verhalten der LehrerInnen etwas verändert hat, z.B. darin, wie sie die Interessen der Kinder berücksichtigen oder Leistungsrückmeldungen geben. Schließlich wurden durch TALK auch die SchülerInnenkompetenzen im selbstorganisierten Lernen gesteigert.[5]

Die Umsetzung des TALK-Programms zeigte auch wieder auf, wie schwierig es ist, im Bildungssystem etwas zu verändern. Das TALK-Programm ist theoretisch gut fundiert, viele Einzelelemente waren vorher in Studien erprobt worden, und es konnte gezeigt werden, dass sie wirklich positive Effekte haben. Die LehrerInnen, mit denen wir in TALK gearbeitet haben, wollten dazulernen und haben die Vermittlung von LLL-Kompetenzen an die SchülerInnen als wichtige Aufgabe angesehen. Damit TALK wirkt, mussten sie nicht nur den neuen Lernstoff verstehen und aufnehmen, d.h. Faktenwis-

---

5 Zu TALK gibt es eine Reihe von Publikationen. So ist z.B. das theoretische Konzept 2007 mit Barbara Schober als Erstautorin in der *Zeitschrift für Psychologie* erschienen und die Ergebnisse bei den LehrerInnen 2013 im Journal *Teaching and Teacher Education* mit Monika Finsterwald als Erstautorin.

sen erwerben. Sie mussten auch in der Lage sein, die Inhalte dann in der Klasse umzusetzen, und zwar nicht nur generell im Unterricht, sondern auch individuell bezogen auf die einzelnen SchülerInnen, d.h. das notwendige Handlungswissen und konditionale Wissen haben. Danach, und das ist vermutlich der schwierigste Schritt, mussten die SchülerInnen, die vielleicht schon sagten „mich zipft die Schule an" und „ich will eigentlich gar nichts mehr lernen", merken, dass die LehrerInnen sich anders verhalten, dass sie z.B. mehr die Interessen der SchülerInnen berücksichtigen, und ihr eigenes Lernverhalten dementsprechend ändern. D.h. von der Entwicklung eines Trainingsprogramms in der Forschung bis zum Ankommen bei den SchülerInnen gibt es sehr viele Ebenen, wo Störfaktoren auftreten können. Das Programm kann ganz toll sein, aber wir dringen nicht durch, da es auf einer oder mehreren anderen Ebenen Schwierigkeiten gibt. Darum ist der Bildungsbereich so ein schwieriger Bereich für Veränderungen. Wenn ein Techniker, eine Technikerin z.B. eine tolle Brücke baut, ist es völlig egal, ob die Leute glauben, dass die Brücke sicher ist, oder verstehen, wie sie konstruiert ist. Wenn die Brücke statisch richtig gebaut ist, wird sie sicher sein. Im Bildungsbereich hingegen müssen sich die Menschen aktiv beteiligen. Wenn sie nicht daran glauben, dass sie etwas Neues lernen und Wirkungen erzielen können, dann ist die Wahrscheinlichkeit sehr gering, dass sie das umsetzen und Trainings oder sonstige Maßnahmen wirklich bei den SchülerInnen ankommen und positive Effekte haben.

Damit man nicht bei der Umsetzung von guten Programmen scheitert, ist es auch sehr wichtig, wie man mit LehrerInnen oder auch mit anderen Personen im Bildungs- und Weiterbildungsbereich arbeitet. Wenn man von außen kommt und sagt „Wir wissen alles besser als ihr, und alles, was ihr vorher gemacht habt, ist viel schlechter", ist das eine Nichtwertschätzung der Personen und anerkennt auch nicht, was davor geleistet wurde. Unsere Grundhaltung war daher bei TALK und auch bei unseren anderen Trainingsprogrammen, dass bei allen Themen, die LehrerInnen auch immer gefragt werden, was sie bereits gemacht haben und wie es funktioniert hat. Zum Beispiel: Wie fördern sie Selbstvertrauen? Wie unterstützen sie SchülerInnen bei ihren Lernstrategien? Wie vermitteln sie Lernstrategien? Danach haben wir erzählt, welche neuen Befunde es dazu aus der Wissenschaft gibt. Schließlich haben wir mit ihnen gemeinsam erarbeitet, wie sie die wissenschaftlichen Befunde praktisch in ihren Unterricht einbauen und umsetzen können.

Damit ein Training wie TALK, das sehr viele Elemente umfasst, nachhaltig wirksam ist, muss es auch einen entsprechenden Trainingsumfang haben. TALK hat eineinhalb Jahre gedauert. Das erste Jahr haben wir an der Lernmotivation und an dem Prozess des selbstregulierten Lernens gearbeitet, den ich im vorigen Abschnitt erläutert habe. Welche Möglichkeiten habe ich als Lehrerin, Selbstvertrauen bei den SchülerInnen aufzubauen? Wie kann ich die Interessen der SchülerInnen im Unterricht aufgreifen? Wie kann ich ihnen vermitteln, wie man Zeitplanung macht? Bis zu: Wie gebe ich ihnen ein Feedback, das ihren Selbstwert fördert? Das sind wir Schritt für Schritt durchgegangen. Dazu hatten wir Lernblöcke an der Universität, immer

Freitag Nachmittag und Samstag Vormittag. Das war für die LehrerInnen ganz schön anstrengend. Es hat jedoch niemand das Programm abgebrochen. Ich glaube, das zeigt schon, dass es ihnen wirklich gefallen hat und sie gemerkt haben, dass sie viel Neues lernen. Wir haben auch immer wieder gehört, „das hätten wir gerne schon in der Grundausbildung gelernt und nicht erst jetzt".

Die LehrerInnen haben am Ende jeder Trainingseinheit, wenn wir mit ihnen ein Thema bearbeitet hatten, eine Arbeitsaufgabe dazu für den Unterricht bekommen, die sie selbst gestaltet haben. In der nächsten Einheit haben wir dann gefragt: Wie ist es Ihnen ergangen? Wo gab es Probleme? Wie könnte man es anders umsetzen? Warum hat es nicht geklappt wie geplant? Dabei haben die LehrerInnen einander auch wechselseitig unterstützt.

Im letzten halben Jahr haben wir daran gearbeitet, wie sie das Gelernte in ihren Schulalltag integrieren können. Die LehrerInnenteams aus jeder Schule haben ein Projekt durchgeführt, das ein Thema von Lebenslangem Lernen aufgegriffen hat, das für ihre Schule besonders wichtig war. Die einen wollten z.B. in ihrer Schule an der Feedbackkultur arbeiten, die anderen ihren SchülerInnen Zeitmanagement beibringen. Sie sollten bei diesen Projekten alle LehrerInnen ihrer Schule, die nicht an dem Training teilgenommen hatten, und die Schulleitung einbeziehen. Dadurch wurde das Thema „Life-Long-Learning" (LLL) in der ganzen Schule verankert. Wir haben die LehrerInnenteams bei der Planung und der Umsetzung der Projekte unterstützt. Einige Monate nach dem TALK-Training haben wir eine „Auffrischungseinheit" gemacht. Hier haben die TeilnehmerInnen berichtet, was bei der Integrierung von LLL in den Schulalltag gut gelungen war und wo es Schwierigkeiten gab. So eine Auffrischungseinheit ist für die Nachhaltigkeit von positiven Effekten sehr wichtig.[6]

Kompetenzen zum LLL fördern – wie machen es LehrerInnen?

Bei unseren Studien wollten wir auch wissen, wie LehrerInnen Bildungsmotivation und selbstreguliertes Lernen bei ihren SchülerInnen fördern. Da wir uns nicht gut in den Unterricht stellen und das mitfilmen konnten – da gibt es Probleme mit der Schulbehörde – haben wir es mit Interviews gemacht. Wir haben den LehrerInnen den Prozess des selbstregulierten Lernens als Abbildung gezeigt und auch, welche Aspekte in jeder der drei Phasen wichtig sind: das Selbstvertrauen, bevor ich überhaupt mit dem Lernen anfange, die verschiedenen Lernstrategien, und zum Schluss das Feedback zum Lernergebnis (Details zu diesen drei Phasen sind in Kapitel 1.4 ausgeführt). Dann haben wir die LehrerInnen gebeten, uns möglichst konkret Beispiele aus dem eigenen Unterricht zu schildern. Aus dem, was die LehrerInnen berichtet haben, habe ich ein paar interessante Beispiele ausgewählt:

Unterstützung beim Klavier lernen

Ein großes Problem ist oft, dass die SchülerInnen im Klavierunterricht die vielen schwarzen und weißen Tasten nicht unterscheiden können. Man kann zur Erleichterung

---

6 Für mehr Informationen siehe http://homepage.univie.ac.at/talk.psychologie/

einfach die Buchstaben C, D, E, F, G usw. auf die Tasten kleben. Damit kann die Verbindung zu den Noten, die auf dem Blatt stehen, viel leichter hergestellt werden.

Förderung von Selbstreflexion über das Lernen
Einige LehrerInnen lassen dafür z.B. die SchülerInnen aufschreiben, wie lange sie für eine Aufgabe gebraucht haben. Wenn es besonders lange ist, sollen sie darüber nachdenken, warum. Haben sie dazwischen lange mit Freundinnen oder Freunden telefoniert? Oder war die Aufgabe so schwierig? Damit überlegt der Schüler oder die Schülerin, wie er oder sie an Aufgaben herangeht, und der Lehrer oder die Lehrerin findet heraus, ob manche Aufgaben vielleicht zu schwer sind oder sie besser erklärt werden müssen.

Das eigene Können bewerten lernen
Eine Lehrerin hat uns erzählt, dass sie am Ende des Schuljahres ein Blatt austeilt, auf dem alles steht, was im Schuljahr durchgenommen wurde, und was man gelernt haben sollte. Die SchülerInnen sollen nun bei jedem Thema ankreuzen, was sie schon sehr gut können, was sie nicht können und was sie noch üben möchten. Damit haben die SchülerInnen die Möglichkeit, sich selbst einzuschätzen. Nachher wird in der Klasse darüber gesprochen und die Lehrerin kann auch herausfinden, ob es Themen gibt, bei denen (fast) alle SchülerInnen sagen, dass sie es nicht können oder noch mehr üben möchten.

Interesse wecken
Eine Lehrerin, die das Fach Deutsch unterrichtet, hat uns berichtet, dass sie beim Lesen von klassischen Texten

versucht, den SchülerInnen einen persönlichen Zugang zu ermöglichen. Wenn z.B. Goethes „Faust" gelesen wird, sucht sie nach Themen, die in dem Werk vorkommen, und stellt einen Bezug zum Leben der SchülerInnen her. Sie macht z.B. einen kleinen Fragebogen, in dem steht: „Hast du selbst schon einmal etwas Unerklärliches erlebt in deinem Leben?" Oder: „Was müsste der Teufel dir bieten, damit du ihm deine Seele verkaufst?" Oder: „Warst du schon einmal so verliebt, dass du Dinge getan hast, die du nachher bereut hast?".

2. Mythen im Bildungsbereich

Wie bereits im Kapitel 1 ausgeführt, ist der Begriff Bildung zwar in aller Munde, doch vielfach ist gar nicht klar, was Bildung ist und wie sie sein soll. Es ist daher kein Wunder, dass es zum Thema Bildung eine Reihe von Mythen gibt. In diesem Kapitel möchte ich daher sechs weit verbreitete Bildungs-Mythen aufgreifen und im Detail auf ihren Wahrheitsgehalt abklopfen.

2.1 „Mädchen sind zu dumm für Mathematik – Burschen sind begabt, aber faul"

Zum Einstieg ein Rätsel:

Ein Vater und sein Sohn fahren gemeinsam im Auto und haben einen schrecklichen Autounfall. Der Vater ist sofort tot. Der verletzte Sohn wird von der Rettung ins Krankenhaus gefahren und sofort in den Operationssaal gebracht. Der diensthabende Arzt besieht ihn sich kurz und meint, man müsse eine Koryphäe zu Rate ziehen. Diese kommt, sieht den jungen Mann auf dem Operationstisch und meint: „Ich kann ihn nicht operieren. Er ist mein Sohn!" Wie ist das möglich?

Wenn jemand dieses Rätsel nicht sofort lösen kann, befindet er oder sie sich in guter Gesellschaft. Das Rätsel wurde Studierenden in verschiedenen Studienrichtungen vorgelegt und nur ein Drittel, unabhängig von der Studienrichtung, konnte es lösen. Die Antwort finden Sie am Ende von Kapitel 2.

Geschlechtsunterschiede

Geschlechtsunterschiede sind in der Schule in sehr vielen Bereichen zu beobachten: Mädchen sind im Mittel im sprachlichen Bereich besser, Mädchen lernen eifriger, sind fleißiger, lesen lieber und mehr. Buben zeigen durchschnittlich mehr Interesse und mehr Können im mathematischen und naturwissenschaftlichen Bereich. Knaben sind gleichzeitig oft fauler. D.h. es gibt objektive Unterschiede zwischen Burschen und Mädchen. Auch in den PISA-Studien finden wir diese Unterschiede durchgängig.

Diese Geschlechtsunterschiede in Interessen und im Können setzen sich fort, wenn wir uns die Berufswünsche junger Menschen anschauen: Im nicht-akademischen Bereich ist bei den Mädchen der Berufswunsch Friseurin immer noch der Klassiker, bei den Buben ist es der Automechaniker. Bei den akademischen Berufen ist bei den Burschen nach wie vor der technische Bereich beliebt, während die Mädchen sehr häufig Lehrerin werden wollen.

Wir könnten natürlich sagen, das ist doch eigentlich egal, jeder und jede soll das machen, was er oder sie will. Mädchen und Buben haben eben unterschiedliche Interessen und Vorlieben und streben deshalb auch unterschiedliche Berufe an. Die Frage, die wir uns aber stellen müssen, ist: Ist es wirklich so, dass die Mädchen nur oder vorwiegend „typisch weibliche Berufe" anstreben und ausüben wollen und die Burschen „typisch männliche"? Oder gibt es Mechanismen in der Gesellschaft, die dazu führen, dass die Mädchen in die eine Richtung gehen und die Buben in die andere? Die geschlechtsspezifische Berufswahl ist auch deshalb sehr relevant, weil die Berufe, die die Burschen häufiger ausüben, mehr Ansehen in der Gesellschaft haben und man dort auch mehr

Geld verdient. Ein Automechaniker verdient im Mittel mehr als eine Friseurin, Techniker verdienen mehr als Lehrerinnen.

Geschlechtsstereotype

Wie kommt es also zu diesen Unterschieden? Die umfangreiche Forschung dazu zeigt sehr klar, dass wir in der Gesellschaft – vorwiegend unbewusst – unterschiedliche Erwartungen an Buben und Mädchen haben. In der Wissenschaft bezeichnen wir das als Geschlechtsstereotype. Geschlechtsstereotype sind in der Gesellschaft übereinstimmend vorhandene Meinungen darüber, wie sich ein Bub, wie sich ein Mädchen, ein Mann, eine Frau, verhält und verhalten sollte. Gemäß diesen stereotypen Meinungen interessieren sich Burschen mehr für Naturwissenschaften, sind wilder und streben nach Führung, Mädchen sind fürsorglich, weniger durchsetzungsfähig und kommunikativer. Vermutlich fallen Ihnen noch weitere „typische" Eigenschaften und Verhaltensweisen von Mädchen und Buben bzw. Frauen und Männern ein. Wir teilen damit die Menschen nach einem Merkmal von vielen, nämlich dem Geschlecht, in zwei Kategorien ein. Damit steht das Geschlecht im Vordergrund und nicht die Individualität des Menschen. Wir vergessen dabei, dass es innerhalb der Geschlechter ganz massive Unterschiede gibt. Nicht alle Mädchen sind fleißig, interessieren sich für Sprachen und sind fürsorglich, nicht alle Knaben sind an Mathematik interessiert, faul und lesen ungern. Diese Unterschiede innerhalb der Geschlechter klammern wir jedoch oft aus und achten nur auf die Unterschiede zwischen den Geschlechtern.

Viele einschlägige Studien zeigen, dass Buben und Mädchen auch wirklich so sind, wie man es aufgrund der Stereotype von ihnen erwartet. Aber nicht, weil ihnen angeboren ist, dass sie z.B. fleißig oder faul sind, sondern weil sie von Beginn ihres Lebens an entsprechend behandelt werden. Die Verstärkung von geschlechtskonformem Verhalten führt zur Übernahme der Geschlechtsstereotype durch die Kinder. Als Konsequenz interessieren sich Buben dann auch mehr für Naturwissenschaften, sind wilder und streben nach Führung, und Mädchen sind fürsorglich, weniger durchsetzungsfähig, kommunikativer und interessieren sich mehr für Sprachen. Eine Vielzahl an Experimenten und Studien belegen, dass wir uns im Umgang mit Knaben und Mädchen von unseren Geschlechtsstereotypen leiten lassen.[7]

Stereotype Threat –
Das Phänomen der Stereotypenbedrohung

Es gibt ein interessantes Phänomen, das in sehr vielen Experimenten immer wieder bestätigt wurde. Man nennt dieses Phänomen „Stereotypenbedrohung", englisch „stereotype threat". Demnach erleben Menschen ein Gefühl der Bedrohung, wenn sie sich in einer Situation befinden, in der sie befürchten, auf Basis von negativen Stereotypen beurteilt zu werden oder durch ihr eigenes Verhalten negative Stereotype bezüglich ihrer Gruppe zu bestätigen. Nehmen wir ein Beispiel: Wenn man bei einem Mathematiktest Schülerinnen sagt, „Üblicherweise schneiden Mädchen in diesem Test schlechter

---

7 In dem von Gottfried Magerl, Reinhard Neck und mir 2011 herausgegebenen Buch *Wissenschaft und Gender* findet sich eine Reihe von Beiträgen zu dem Thema, u.a. auch ein Kapitel von meinen Kolleginnen Barbara Schober, Monika Finsterwald und mir über *Brave Mädchen – Böse Buben? Genderstereotype in der Bildungssozialisation.*

ab", schneiden diese in dem Test auch wirklich deutlich schlechter ab als Schülerinnen, die keine solche Information erhalten haben. Ähnliche Effekte zeigen sich auch bei anderen Gruppen, bei denen Stereotype bestehen, wie z.B. bei MigrantInnen. (Die „Stereotypenbedrohung" bezieht sich nicht nur auf Geschlechtsstereotype.) Der zentrale Punkt ist: wenn in einer Leistungssituation ein negatives Stereotyp aktiviert wird, sinkt die Leistung. Wie hoch die Wirkung ist, hängt natürlich davon ab, wie sehr ich solche Stereotype auf mich selbst beziehe. Die vielen einschlägigen Studien zeigen jedenfalls negative Effekte des Stereotype Threat nicht nur in Prüfungssituationen in Schule und Hochschule, sondern auch in beruflichen Bewerbungssituationen oder bei Gehaltsverhandlungen.

Studien zu Geschlechtsstereotypen

Geschlechtsstereotype beeinflussen das Verhalten von Erwachsenen bereits gegenüber Säuglingen. Es gibt Experimente, bei denen der gleiche Säugling einmal hellblau angezogen wird – also der Klassiker für Buben – und einmal rosa für Mädchen. In dem Augenblick, wo der Säugling für einen Buben gehalten wird, wird wilder mit ihm gespielt. Wenn er für ein Mädchen gehalten wird, wird mehr mit ihm gesprochen und er wird fürsorglicher behandelt, obwohl es dasselbe Kind ist.

Hier noch ein interessanter Zusatz: Oft wird argumentiert, dass Mädchen automatisch nach rosafarbenen Dingen greifen und Buben eher nach blauen. Früher war es jedoch genau umgekehrt: Rosa war die Farbe, die in der Gesellschaft den Knaben zugeschrieben wurde. Rot war die Farbe der Männer, daher wurde den jungen Männern Rosa zugeteilt.

Das geschlechtsstereotype Verhalten von Erwachsenen setzt sich fort, wenn die Kinder älter werden. Lisa Kindleberger Hagan und Janet Kuebli, die beide in den USA an Psychologiedepartments forschen, haben 2007 im Rahmen einer Studie beobachtet, wie sich Eltern mit ihren kleinen Kindern auf einem Spielplatz mit Kletterturm, Rutsche, Balancierbalken usw. verhalten. Dabei zeigte sich, dass die Mädchen speziell von den Vätern wesentlich mehr behütet und unterstützt wurden, während die Buben aufgefordert wurden, sich etwas zu trauen.

Diese Studien zeigen nur Ausschnitte aus dem Alltagsverhalten. Aber wenn ähnliche Unterschiede im Verhalten zu Knaben und Mädchen immer wieder und in unterschiedlichen Situationen auftreten, dann werden Mädchen weniger ermuntert und weniger vorbereitet, Risikosituationen zu meistern, während Buben geradezu herausgefordert werden, sie einzugehen. Buben haben übrigens auch mehr Unfälle als Mädchen. Diese Stereotype setzen sich in der Schulzeit fort. Die meisten Menschen gehen davon aus, dass Mädchen sich in Mathematik, Naturwissenschaften und Technik schwerer tun, während man von Buben annimmt, dass sie das gut können.

Stereotype gibt es für beide Geschlechter und es gibt den Druck, verstärkt durch Lob oder Tadel, sich entsprechend der Stereotype zu verhalten. Allerdings ist der Druck auf Burschen, sich geschlechtsstereotyp zu verhalten, viel größer als auf Mädchen. Bei Mädchen wird es viel eher akzeptiert, wenn sie z.B. mit einem Auto, einer Lokomotive oder Bausteinen spielen, als wenn Buben mit Puppen spielen oder sich in einem Spiel schminken und schmücken wollen. Auch Weinen wird bei Buben nicht so gerne gesehen, speziell von den Vätern.

Diesen höheren Druck auf Männer, sich geschlechts-
konform zu verhalten, der damit zu einem sehr einge-
schränkten Verhaltensspielraum führt, sehen wir auch bei
Erwachsenen. Ein gutes Beispiel dafür ist die Kleidung.
Frauen können Hosenanzüge, Kleider oder Kostüme
und alle Farben tragen. Besucht man irgendeinen Emp-
fang in der Wirtschaftswelt und schaut sich die Männer
an, erkennt man, dass sie viel weniger Spielraum haben:
Dunkler Anzug, weißes oder hellblaues Hemd, Krawatte.
Was bedeutet das? Es wird sozusagen von Geburt an ein
bestimmtes Verhalten erwartet und das erwartete Verhalten wird verstärkt. Dies geschieht nicht nur von Seiten der
Eltern, sondern auch von anderen Umwelten wie dem Kindergarten, der Schule, den Großeltern, den Nachbarn, der
Werbung, den Medien usw.

Wir haben kürzlich eine Studie mit Eltern von Kinder-
gartenkindern durchgeführt. Wenn man diese zu ihrem
Erziehungsverhalten befragt, würde kaum jemand mehr
sagen, „Ein richtiges Mädchen darf nur mit Puppen spielen!" oder „Ein richtiger Bub spielt doch nicht mit Puppen!"
Dementsprechend haben die Eltern in der Studie auch
angegeben, dass sie ihr Kind nicht geschlechtsstereotyp
erziehen, sondern egalitär, egal ob Bub oder Mädchen. Wir
haben aber zusätzlich auch gefragt, welche Spielzeuge sie
ihrem Kind kaufen und mit welchem Spielzeug sie mit dem
Kind spielen. Und da haben wieder die Geschlechtsstereotype durchgeschlagen. D.h. die Einstellung hat sich zwar
verändert, aber am Verhalten sieht man das noch nicht.

Dasselbe gilt auch für Lehrpersonen. Auch da gibt es
interessante Studien, die übereinstimmend zeigen, dass bei
Experimenten in Physik oder in Chemie die Burschen viel
häufiger dran kommen als die Mädchen, während die Mäd-

chen mehr zu Hilfsdiensten eingeteilt werden. Das Interessante ist dabei, dass dies den LehrerInnen nicht bewusst ist. Man hat dazu LehrerInnen im Physikunterricht gefilmt und festgestellt, dass sie den Knaben ungefähr zwei Drittel ihrer Zeit widmen, den Mädchen dagegen nur ein Drittel. Danach hat man ihnen dieses Ergebnis mitgeteilt, sie haben es jedoch nicht geglaubt. Als man ihnen die Videoaufnahmen und die gemessene Zeit gezeigt hat, waren sie sehr betroffen. Anschließend wurden sie aufgefordert, die Mädchen viel mehr dranzunehmen als die Knaben. Tatsächlich war es jedoch nur circa gleich viel Zeit für Mädchen und für Buben – obwohl es den LehrerInnen vorgekommen ist, als ob sie sich vorwiegend den Mädchen gewidmet hätten. Was sind die Folgen? Das Verhalten der Lehrkräfte führt dazu, dass die Knaben eine höhere Expertise in diesen Fächern erwerben können und damit auch ein höheres Selbstvertrauen. Wenn die Mädchen dagegen „geschont" werden, weil die LehrerInnen glauben, diese Fächer liegen den Mädchen nicht, dann haben die Mädchen gar keine Chance, es zu erproben und ein entsprechendes Selbstvertrauen zu entwickeln.

Konsequenzen der Geschlechtsstereotype für Burschen und Mädchen, Männer und Frauen

Das Erleben von Geschlechtsstereotypen zieht sich durch die Biographien und führt zu Nachteilen für beide Geschlechter. Den Mädchen fehlt es an Selbstvertrauen, sie meiden eher naturwissenschaftliche Fächer und Berufe, obwohl sie vielleicht eine Begabung dafür hätten, sie meiden herausfordernde Situationen. Die Buben gehen vielleicht größere Risiken ein, als sie eigentlich möchten, ergreifen seltener pädagogische oder soziale Berufe, wie z.B. Kindergartenpädagoge, obwohl diese sie interessieren, und strengen sich nicht so an beim Lernen, weil sie ja als faul gelten. Die Konsequenzen sind für die Buben noch viel negativer als für Mädchen, denn wenn wir uns die Bildungsabschlüsse anschauen, so haben viel mehr Knaben als Mädchen keinen positiven Schulabschluss. Für Burschen ist – gemäß dem Geschlechtsstereotyp – in einem gewissen Alter nichts uncooler als ein Streber zu sein, und so geben manche nach neun Jahren Schule einfach auf. Wer keinen Schulabschluss hat, bekommt aber auch keinen guten oder gar keinen Lehrplatz. Man erlebt: niemand braucht mich, ich bin nichts wert. Die Gefahr, dass man in Alkohol- und Drogenkonsum oder Gewalt abrutscht, ist natürlich groß.

Die Mädchen sind davor durch das Stereotyp, dass sie fleißig sind, gewissermaßen geschützt. Sie schließen häufiger die Schule und Ausbildungen ab. Frauen studieren mittlerweile auch in viel höherem Prozentsatz als Männer und absolvieren erfolgreich ihr Studium. Allerdings wird der Aufstieg im Beruf dann durch andere Stereotype behindert, wie z.B. dass Frauen für Führungspositionen weniger gut geeignet sind als Männer. Insgesamt bedeuten somit Geschlechtsstereotype Nachteile für Knaben und Mädchen, für Männer und Frauen, die sich bei den einzelnen Individuen in nicht genützten Chancen von Interessen und Begabungen manifestieren.

Noch mehr Studien zu Geschlechtsstereotypen

Auch einige unserer Studierenden haben Abschlussarbeiten zum Thema Geschlechtsstereotype gemacht. So wurden z.B. in einer Diplomarbeit LehrerInnen gefragt: „Wenn in Ihrer Klasse ein Kind ist, das besonders gute Leistungen hat, das besonders begabt ist, welchen Beruf würden Sie diesem Kind empfehlen?" Das Ergebnis war: Den Mädchen würden sie empfehlen, Lehrerin zu werden, und den Burschen Techniker. Noch immer! Wen wundert es, dass dies dann auch Realität wird.

Geschlechtsstereotype werden nach wie vor auch in Schulbüchern transportiert. KollegInnen von mir haben Schulbücher, auch aktuelle, analysiert, und dabei festgestellt, dass – etwas plakativ formuliert – Mädchen und Frauen noch immer häufiger mit der Handtasche durch die Welt laufen und die Männer mit dem Hammer in der Hand, und dass Frauen noch immer eher als Hausfrauen, in der Familie und in einer untergeordneten Rolle dargestellt werden als Männer.

Eine weitere Studie an unserem Institut wurde mit Lehramtsstudierenden gemacht, dabei wurden diese gefragt: Wenn ein Schüler, eine Schülerin eine gute Leistung in Mathematik hat, woran liegt das? Und woran liegt es, wenn sie schlechte Leistungen erbringen? Die Lehramtsstudierenden haben bei einem Buben gesagt, die gute Leistung liege daran, dass er begabt ist, wenn er eine schlechte Leistung hat, dass er faul ist. Wenn ein Mädchen eine gute Leistung hat, liegt es dagegen daran, dass es so viel gelernt hat oder dass man ihm geholfen hat. Bei einer schlechten Leistung liegt es daran, dass es nicht so begabt ist. Wenn diese Einstellungen schon vorhanden sind, bevor die angehenden LehrerInnen unterrichten, darf man sich nicht wundern, dass sie diese Einstellungen an die SchülerInnen weitergeben. Die Studien zeigen auch sehr stark, dass gerade Mädchen dazu neigen, die Bewertungen von Erwachsenen zu übernehmen, egal ob es die Eltern sind oder LehrerInnen. Wenn diese ihnen nichts zutrauen, trauen sie sich selber auch nichts zu.

Geschlechtsstereotype und Medizinstudium

Ein Beispiel für Konsequenzen der stereotypen Erwartungen von LehrerInnen bzw. von Lehramtsstudierenden zeigt sich beim Aufnahmeverfahren für das Medizinstudium in Österreich. Hier schneiden die weiblichen Bewerberinnen regelmäßig schlechter ab als die männlichen. Sie werden daher in geringerem Prozentsatz zum Studium zugelassen, obwohl vor Einführung der Auswahlverfahren mehr Frauen als Männer das Medizinstudium erfolgreich absolviert hatten. D.h. das Potential für das Studium wäre bei Frauen ebenso vorhanden wie bei Männern. Die Frauen sind jedoch auf Basis der Geschlechtsstereotype auf den sehr naturwissenschaftlich orientierten Test weniger gut vorbereitet als Männer – dies zeigte die Evaluation, die wir im Auftrag des früheren Wissenschaftsministers Johannes Hahn durchgeführt haben. Zusätzlich zu den Testleistungen haben wir u.a. auch die Maturanoten der StudienbewerberInnen erhoben. Dabei zeigte sich, dass die weiblichen Bewerberinnen bei gleichen Schulnoten in den naturwissenschaftlichen Fächern und Mathematik wie die männlichen im Mittel schlechtere Testleistungen hatten, und zwar durchgängig. Offensichtlich sind in ihre Noten sehr stark Fleiß, Mitarbeit etc. eingeflossen, die ja – gemäß den Stereotypen – bei Mädchen hoch ausgeprägt sind. Während die gemäß der Stereotype faulen Burschen ihr Leistungspotential in der Schule möglicherweise gar nicht gezeigt hatten. Vermutlich hatten die BewerberInnen über ihre Schulzeit hinweg auch viele geschlechtsstereotype Rückmeldungen von Eltern und LehrerInnen zu ihren Leistungen erhalten mit entsprechenden Effekten auf das Selbstvertrauen in den naturwissenschaftlichen Fächern.

In der Folge wurde an den Medizinischen Universitäten ein neuer Test für das Aufnahmeverfahren eingesetzt. Dennoch konnten die Unterschiede zwischen den Geschlechtern nur abgemildert, aber nicht beseitigt werden. Möglicherweise hat dies auch mit dem *Stereotype Threat* zu tun (siehe Kasten). Denn mittlerweile ist den Bewerberinnen ja bekannt, dass in diesem Test Frauen schlechter abschneiden.

Das alles geschieht jedoch nicht absichtlich. LehrerInnen gehen nicht in die Klasse und sagen: „Ich will jetzt geschlechtsstereotyp unterrichten. Ich will die Mädchen in die Frauenberufe drängen und die Knaben in die Männerberufe!" Die Geschlechtsstereotype sind in uns so stark verwurzelt, dass es unbewusst erfolgt, und daher ist es auch so schwer zu ändern. Gleichzeitig sind wir natürlich auch Vorbilder und Modelle, und prägen dadurch geschlechtsstereotypes Verhalten bei Kindern und Jugendlichen.

Löst Monoedukation die Probleme?

Es wird immer wieder diskutiert, ob Monoedukation, also getrennter Unterricht für Knaben und Mädchen, hier eine Lösung sein könnte, d.h. dass Mädchen viel häufiger naturwissenschaftliche Interessen haben und entsprechende Ausbildungen machen und Knaben häufiger soziale Berufe ergreifen. Hier zeigt sich auf Basis sehr vieler Studien, dass Monoedukation nicht die Lösung ist. Es gibt zwar einige Studien, die berichten, dass monoedukativ unterrichtete Mädchen sich mehr für Mathematik, Physik oder Technik interessieren. Jedoch haben die Studien zur Monoedukation zumeist methodische Probleme. Denn wer entscheidet sich dafür, in einer monoedukativen Schule zu unterrichten? Das sind andere LehrerInnen als solche, die in einer typischen koedukativen Schule arbeiten. Welche Eltern schicken ihre Kinder in eine monoedukative Schule? Das sind auch ausgewählte Eltern. Für ein methodisch sauberes Experiment müssten wir würfeln können, welches Kind in welche Schule geht und welche LehrerInnen diese Kinder unterrichten. Das geht natürlich nicht, und so ist es eine Selbstselektion, die Auswirkungen auf die Ergebnisse hat. Besonders interessant ist auch, dass man beobachten kann, dass sich LehrerInnen unterschiedlich verhalten, je nachdem, ob sie in einer Mädchenklasse unterrichten, in einer gemischten Klasse oder in einer Knabenklasse. Allerdings wäre auch nicht anzunehmen, dass durch einen getrennten Unterricht von Knaben und Mädchen Geschlechtsstereotype verschwinden würden, denn diese sind tief in der Gesellschaft verwurzelt.

Conclusio

Die Conclusio zu diesem Mythos ist somit, dass es zweifellos biologische Unterschiede zwischen Buben und Mädchen, Männern und Frauen gibt. Unterschiede in Interessen, schulischen Leistungen, die Wahl von Berufen usw. entstehen jedoch durch die Sozialisation, die durch Geschlechtsstereotype beeinflusst ist.

Wider die Geschlechtsstereotype

Wir haben ein Trainingsprogramm für LehrerInnen entwickelt, in dem es um das Aufbrechen von Geschlechtsstereotypen im Unterricht geht. Konkret hat das Trainingsprogramm *Reflect – Genderkompetenz durch Reflexive Koedukation* das Ziel, dass sich Buben und Mädchen in einem gemeinsamen Unterricht all ihrer

Interessen und Kompetenzen bewusst werden, und dass sie diese ohne Einschränkungen durch Geschlechtsstereotype entwickeln können. Die Lehrkräfte sollen ihre SchülerInnen in ihrer Individualität sehen, mit ihren vielen unterschiedlichen Merkmalen, von denen Geschlecht nur eines ist.

Das Projekt war ziemlich kompliziert, schon allein wegen der Förderung durch vier Ministerien (Unterricht, Frauen, Soziales und Infrastruktur). Gleichzeitig war es aus unserer Sicht auch etwas Besonderes, weil es eine Kooperation zwischen Wissenschaft, Politik, Verwaltung, Pädagogischen Hochschulen, Schulen und LehrerInnen gab.[8]

Im Projekt *Reflect* haben wir mit LehrerInnen gearbeitet, die in den Praxisschulen unterrichten, die an die Pädagogischen Hochschulen angeschlossen sind. Dadurch sollte ein besonders hoher Wirkungsradius der Effekte erzielt werden. Einerseits sollten die LehrerInnen durch einen geschlechtssensiblen Unterricht geschlechtsstereotypes Verhalten bei ihren SchülerInnen reduzieren. Da die Studierenden an den Pädagogischen Hochschulen in den Praxisschulen hospitieren und die LehrerInnen aus den Praxisschulen zumeist auch an den Pädagogischen Hochschulen unterrichten, sollten auch die Studierenden in gendersensibles Unterrichten eingeführt werden, um so vom Projekt zu profitieren.

Zwei Beispiele für Trainingselemente des Projektes:
Feedback: Die LehrerInnen sollten reflektieren, wie sie

---

8 http://www.univie.ac.at/reflect/

bisher Rückmeldungen auf Leistungen gegeben haben. Typisch ist z.B., dass ein Mädchen bei einer schlechten Leistung in Mathematik zu hören bekommt: „Kränke dich nicht, du wirst Mathematik später ohnehin nicht mehr brauchen." Damit erhält das Mädchen die Zuschreibung, dass es dafür nicht begabt ist und man das auch nicht ändern kann. Das ist natürlich fatal für die Förderung von Lernmotivation und für das Vertrauen in die eigenen Fähigkeiten. Viel passender wäre z.B. eine Rückmeldung wie „Vielleicht hast du nicht richtig gelernt. Schauen wir es uns nochmals gemeinsam an".

Aufgaben verteilen: Die Lehrkräfte sollten darüber nachdenken, welche Aufgaben sie typischerweise Burschen und Mädchen geben. Meistens führen Buben die Experimente in Physik und Chemie durch und die Mädchen leisten Hilfsdienste. Die LehrerInnen sollten sich überlegen, wie Aufgaben anders verteilt werden könnten.

Die LehrerInnentrainings fanden an der Universität statt. Danach setzten die LehrerInnen das Gelernte in Projekten in ihrem Unterricht um, dabei wurden sie von uns beraten und unterstützt. Um die Wirksamkeit des Reflect-Programms zu prüfen, haben wir eine sehr aufwändige Evaluation durchgeführt und dabei die Ergebnisse der LehrerInnen und SchülerInnen der Reflect-Gruppe mit denen einer großen Vergleichsgruppe an LehrerInnen und SchülerInnen verglichen. Das Ergebnis war, dass die LehrerInnen ihr Wissen erhöht haben, wie sie Gendersensibilität im Unterricht umsetzen und Geschlechtsstereotype vermeiden können. Durch das Reflect-Programm konnte auch ihr Selbstvertrauen erhöht werden, dass sie es schaffen, bei Mädchen und bei Buben Geschlechtsstereotype abzubauen. Diese Veränderungen im Wissen waren auch bei den SchülerInnen zu bemerken, mit denen wir gar nicht gearbeitet hatten. D.h. die TeilnehmerInnen haben es geschafft, das Gelernte auch im Unterricht umzusetzen und an die SchülerInnen weiterzugeben.[9]

Checkliste: Was man gegen Geschlechtsstereotype im Unterricht tun kann

Die US-amerikanische Psychologin Anita Woolfolk hat in dem von ihr verfassten Lehrbuch *Educational Psychology* eine Checkliste mit Maßnahmen gegen Geschlechtsstereotype im Unterricht erstellt, die wir im Zuge des Reflect-Projekts modifiziert haben (basierend auf der 6. Edition von 1995):

1. Unterrichtsmaterialien, die in der Schule verwendet werden, sollten daraufhin überprüft werden, ob sie Chancengleichheit für Buben und Mädchen vermitteln, z.B.:
   - Werden Mädchen und Buben bzw. Männer und Frauen gleichermaßen in traditionellen als auch nicht-traditionellen Rollen abgebildet?
   - In welchen Berufsfeldern werden diese dargestellt?
   - Welche Handlungen führen diese aus?

2. Die (oft ungewollte) Herstellung von Ungleichheiten im Unterricht sollte reflektiert und vermieden werden.

---

9 Erste Ergebnisse aus dem Projekt *Reflect* wurden von Gregor Jöstl, Marlene Kollmayer, Monika Finsterwald, Barbara Schober und mir 2015 unter dem Titel *Geschlechterstereotype in der Bildungssozialisation – Reflexive Koedukation als Lösungsansatz* in dem von Brigitte Hoyer herausgegebenen Buch *Migration und Gender. Bildungschance durch Diversity-Kompetenz* bei Budrich UniPress publiziert.

- Werden Gruppen nach dem Geschlecht gebildet? Gibt es dafür nachvollziehbare Gründe?
- Werden Mädchen bzw. Buben häufiger zur Beantwortung gewisser Fragen aufgerufen? Mädchen beispielsweise eher bei sprachlichen Aufgaben oder Buben eher bei Mathematikaufgaben?

3. Die Schule sollte die Chancengleichheit für Mädchen und Buben nicht limitieren.
   - Welche Ratschläge werden bezüglich der Berufskarriere gegeben? Sind diese von Geschlechtsstereotypen eingefärbt oder berücksichtigen sie individuelle Stärken?
   - Werden Mädchen und Buben dazu ermutigt, sich in sogenannten „geschlechtsuntypischen" Fächern zu engagieren bzw. Leistungskurse zu besuchen?

4. Es sollten Rollenmodelle zur Verfügung gestellt werden.
   - Werden Männer und Frauen vorgestellt, die in „untypischen" Berufen arbeiten? Zum Beispiel Frauen, die naturwissenschaftlich arbeiten oder Männer, die in pflegerischen Berufen tätig sind?
   - Werden Rollenmodelle präsentiert, die zeigen, dass innerhalb der Geschlechtergruppen ein großer Unterschied in Interessen, Kompetenzen, Persönlichkeitsmerkmalen etc. zu finden ist?

5. Es sollte sichergestellt werden, dass alle SchülerInnen die Möglichkeit bekommen, Tätigkeiten in unterschiedlichen Bereichen und mit unterschiedlicher Komplexität auszuführen.

- Werden Aufgaben und Verantwortungen in der Gruppe oder nach dem Zufallsprinzip rotiert?

6. Es sollte geschlechtergerechte Sprache verwendet werden.

2.2 „Nur Rabenmütter geben ihre Kinder in eine Krippe"

Auch heutzutage hören noch viele Mütter, wenn sie ihr Kind in eine Kinderkrippe geben, den subtilen Vorwurf, „Rabenmütter" zu sein. Früher hieß es: „Eine gute Mutter bleibt zu Hause und kümmert sich um ihr Kind und geht nicht ihren eigenen Interessen nach." Dieser Vorwurf kam auch oft, wenn ein Kind in den Kindergarten gegeben wurde. Heutzutage sind solche Vorwürfe zumeist wesentlich subtiler, z.B. „Wenn dein Kind krank wird, was machst du dann?" Aber sie sind trotzdem eine Belastung für berufstätige Mütter, die ohnehin viel um die Ohren haben. Schauen wir uns also an, was die Forschung dazu sagt.

Was brauchen Kinder in den ersten Lebensjahren?

Von hoher Bedeutung für eine positive Entwicklung des Kindes sind die frühen Eltern-Kind-Interaktionen und die Entwicklung der sozial-emotionalen Bindung. Die Entwicklung der Bindung erfolgt in verschiedenen Phasen. Jeder, der selber Kinder hat oder Eltern mit Kindern beobachtet, wird feststellen, dass ein neugeborenes Kind sich nicht einer bestimmten Person zuwendet, sondern Signale wie Anschauen oder Lächeln bei allen Menschen zeigt und nicht nur bei den Eltern.

Ab dem Alter von etwa drei Monaten wendet sich der Säugling zunehmend an eine Person. Diese Person muss nicht unbedingt die biologische Mutter sein, es können auch andere und auch mehrere Personen sein. Ab etwa sieben bis acht Monaten wird die Beziehung zu den Bezugspersonen so intensiviert, dass man merkt, dass das Kind explizit die Nähe dieser Personen sucht und sie vermisst, wenn sie nicht anwesend sind. Es ist auch für spätere Beziehungen wichtig, dass in dieser Zeit positive Bindungserfahrungen gemacht werden. Eine zentrale Rolle spielt dabei die Feinfühligkeit der Bezugspersonen, d.h. dass sie die Signale des Kindes richtig interpretieren. Ist das jetzt ein Weinen oder ein Rufen, weil das Kind Angst hat? Oder weint es, weil es zornig ist? Es ist wichtig, dass die Bezugsperson lernt, dies zu differenzieren und feinfühlig darauf zu reagieren. Ist diese Feinfühligkeit gegeben, wird dadurch das Sicherheitsgefühl des Kindes gestärkt und seine Kommunikationsfähigkeit bereits vor Sprachbeginn gefördert.

Diese ersten Bindungserfahrungen liefern für das Kind auch Modelle, wie Beziehungen aufgebaut werden. Wenn jemand schlechte oder traumatische Erfahrungen in seiner Kindheit hatte, kann er später trotzdem positive Beziehungen aufbauen, aber positive Bindungserfahrungen in der Kindheit machen es leichter. Kinder mit positiven Bindungserfahrungen kommen auch im Kindergarten besser zurecht, können besser mit Konflikten umgehen und haben im Allgemeinen weniger Verhaltensprobleme.

Im Kleinkindalter geht es jedoch nicht nur um Bindung, sondern das Kind sollte auch zunehmend Autonomie und Unabhängigkeit entwickeln, Selbstreflexion, Emotions- und Impulskontrolle, aber auch Empathie und Moral sowie gewisse Verhaltensstandards. Das alles sind Voraussetzungen dafür, dass es später den Anforderungen und Regeln in der Schule gewachsen ist. Der Erziehungsstil, der diese Entwicklung am besten unterstützt und fördert, wird in der Wissenschaft als „autoritativ" bezeichnet. Das ist liebevolle Zuwendung gepaart mit einer moderaten Kontrolle. Wobei die liebevolle Zuwendung im Vordergrund steht, denn es geht ja darum, dass man dem Kind Handlungsspielräume eröffnet und kindliche Aktivitäten anleitet. Die moderate Kontrolle ist aber notwendig, damit man das Kind vor Gefahren schützt und es ein Regelbewusstsein entwickelt. Dieses Regelbewusstsein und gewisse Verhaltensstandards brauchen Kinder für das Hineinwachsen in die Gesellschaft. Ein Kind tut sich viel leichter, wenn es diese Regeln kennt und sich entsprechend verhält, als wenn es dauernd dagegen verstößt.

Ist die Kinderkrippe ein Risiko für die Entwicklung des Kindes?

Studien zeigen ganz klar, dass ein Kind, das zu Hause eine positive Bindung hat, sich wesentlich leichter und schneller auf eine Institution wie die Kinderkrippe einstellt und auch leichter auf neue Personen zugeht, als wenn es keine gute Bindung hat. Die Studien zeigen auch, dass das Bindungsverhalten, das ein Kind zu Mutter, Vater, Großeltern usw. hat, nicht in einem Konkurrenzverhältnis zu Interaktionserfahrungen in einer Kinderkrippe steht. Es ist wichtig, dass beide Seiten, also KindergartenpädagogInnen und Eltern, sich feinfühlig verhalten, aber sie stehen in keiner Konkurrenz, und die Erfahrungen, die das Kind mit der Mutter hat, werden nicht durch die Erfahrungen mit den KindergärtnerInnen beeinflusst. Das Kind wendet sich ganz gezielt der Mutter oder dem Vater zu, wendet sich ganz gezielt der Kindergärtnerin, dem Kindergärtner zu.

Was zu Hause jedoch nicht in diesem Ausmaß geboten werden kann wie in der Kinderkrippe oder im Kindergarten, sind soziale Kontakte mit Gleichaltrigen – ein ganz wichtiges Erfahrungsfeld. Zusätzlich gibt es in der Kinderkrippe und auch im Kindergarten viele andere Möglichkeiten der Förderung und Unterstützung mit pädagogischem Material und Spielen in einer Auswahl und einem Umfang, wie es zu Hause nicht möglich ist. Die Betreuung außer Haus fördert auch soziale Netzwerke, sowohl von Kindern als auch von Eltern, denn man schließt ja bereits Freundschaften im Kindergarten und die Eltern lernen einander ebenfalls kennen. Dadurch ergeben sich bei den Eltern wechselseitige Unterstützungsmöglichkeiten, z.B. bei der Ferienbetreuung der Kinder.

Zusätzlich, und das darf man auch nicht außer Acht lassen, haben die Krippe und der Kindergarten für risikobehaftete Familien, in denen Eltern ihre Kinder nicht gut unterstützen können oder eine starke Arbeitsbelastung haben und am Abend ganz fertig nach Hause kommen, eine wichtige kompensatorische Funktion. Allerdings zeigen Statistiken und Studien, dass Eltern, die einen höheren Bildungsstand oder ein höheres Haushaltseinkommen haben, ihr Kind eher in eine Kinderkrippe geben als Eltern mit niedriger Bildung, da sie sich der Bildungsfunktion dieser Einrichtung bewusst sind.

Effekte des Besuchs von Kinderkrippe und Kindergarten
Die Studien zeigen übereinstimmend, dass Kinder, die eine vorschulische institutionelle Bildung und Erziehung hatten, geringere Zurückstellungsquoten bei Schulbeginn haben und seltener eine Klasse wiederholen müssen. Speziell betrifft das Kinder mit niedrigem sozioökonomischen Sta-

tus und Migrationshintergrund. Je länger der Kindergarten oder Krippenbesuch war, desto häufiger gehen die Kinder in ein Gymnasium und desto positivere Effekte zeigen sich beim Lesen, bei Mathematik und Naturwissenschaften.

Wenn zusätzlich zur Dauer des Besuchs einer vorschulischen Einrichtung (dazu gehören Kinderkrippe und Kindergarten) auch die Qualität berücksichtigt wird, insbesondere bezüglich des alltäglichen Umgangs der KindergartenpädagogInnen mit den Kindern, sind die positiven Effekte noch deutlicher. Sie zeigen sich bereits im Vorschulalter. Die Kinder haben einen größeren Wortschatz und bessere kognitive Fähigkeiten. Der Vorsprung zu Kindern, die nicht in einer vorschulischen Einrichtung waren, ist bis zu einem Jahr – und ein Jahr ist in diesem Alter unglaublich viel.

Bei hoher Qualität zeigen sich auch mittelfristig positive Effekte in der Schule. Diese betreffen die Sprachkompetenz, aber auch die Fähigkeit, Alltagssituationen zu bewältigen. Es gibt Auswirkungen auf die Mathematikleistungen, die Schulleistungen generell und die soziale Kompetenz der Kinder. Allerdings kommt auch der Qualität der Schule eine wichtige Rolle zu. Wenn diese gering ist, dann fällt dieser Vorsprung aus dem Vorschulbereich wieder etwas zurück. Umgekehrt kann eine sehr gute Schule eine geringere Förderung im Vorschulalter kompensieren. Besonders beeindruckend sind aus meiner Sicht die langfristigen Effekte. Studien zeigen hier positive Wirkungen qualitätsvoller vorschulischer Bildung bis ins Erwachsenenalter. Diese schlagen sich in besseren Schulabschlüssen, geringeren Kriminalitätsraten, seltenerer Abhängigkeit von der sozialen Wohlfahrt und höherem Einkommen nieder. Wobei die Langzeiteffekte natürlich auch wieder mit der Qualität der Schule zusammenhängen.

Um die Effekte einer qualitätsvollen vorschulischen institutionellen Bildung und Erziehung zu erhöhen, empfehlen einschlägige ForscherInnen, die Eltern systematisch einzubinden. Das ermöglicht einerseits einen Austausch zwischen KindergartenpädagogInnen und Eltern, andererseits können die Eltern bei den Erziehungsaufgaben unterstützt werden. Wir vergessen ja oft, dass man das „Eltern sein" auch lernen muss. Manche Eltern sind einfach überfordert damit, woraus Probleme wie Vernachlässigung oder Gewalt in Familien resultieren können. Insbesondere ist eine Überforderung durch die Erziehungsaufgabe dann gegeben, wenn ein Elternteil eine chronische oder langwierige körperliche oder psychische Krankheit hat. Daher sind Unterstützungsangebote, die mit der Kinderkrippe und dem Kindergarten verknüpft sind, ideal, auch mit Blick auf die zunehmende (Vollzeit-)Berufstätigkeit von Müttern.

Wenn Eltern, speziell die Mütter, sich darauf verlassen können, dass ihr Kind in Kindergarten oder Kinderkrippe gut betreut und gefördert wird, können sie auch beruhigt ihrem Beruf nachgehen. Studien zeigen, dass eine Mutter, die in ihrem Beruf zufrieden ist und sich als erfolgreich erlebt, die positive Erfahrung im Beruf auf das Kind überträgt, wenn sie sich ihm nach der Arbeit widmet. Wenn eine Mutter dagegen im Beruf sehr gestresst ist, sich dort gar nicht wohl fühlt, besteht die Gefahr, dass sich das negativ auf die Zeit mit dem Kind und auf das Kind auswirkt.

Berufstätige Mütter – erfolgreiche Töchter

Welche konkreten Effekte hat nun die mütterliche Berufstätigkeit für die Kinder? Eine Studie der Harvard Business School von Kathleen L. McGinn, Mayra Ruiz Castro und Elisabeth Long Lingo aus dem Jahr 2015, die auf repräsentativen Umfragedaten aus 24 Ländern (inklusive Österreich) basiert, zeigt klar: Kindern schadet die Berufstätigkeit der Mütter keineswegs. Vielmehr profitieren sie davon. Dies gilt insbesondere für die Töchter. Diese haben eine höhere Ausbildung, finden schneller einen Job und steigen eher in Führungspositionen auf als Töchter von nicht berufstätigen Müttern. Bei den Söhnen zeigten sich keine Effekte auf deren Karriereverläufe. Die Berufstätigkeit der Mütter führte jedoch sowohl bei Söhnen als auch bei Töchtern zu stärkerer Egalität im Privatbereich, d.h. zur Reduzierung von geschlechtsstereotypem Verhalten. Während die Töchter weniger Zeit mit Haushaltstätigkeiten verbringen, ist dies für die Söhne genau umgekehrt. Insbesondere beschäftigen sie sich später als Väter auch mehr mit ihren Kindern als die Söhne nicht berufstätiger Mütter. Insgesamt widersprechen die Befunde laut den Studienautorinnen klar dem herrschenden Vorurteil, dass Mütter, die berufstätig sind, ihre Kinder vernachlässigen.

Wir fanden im Rahmen von Diplomarbeiten auch explizit positive Effekte der Berufstätigkeit. So konnten die Kinder von berufstätigen Müttern sehr gut die Perspektive der Mutter einnehmen und ihre zeitweise hohe Belastung nachvollziehen, während dies bei Kindern, deren Mütter keiner Erwerbsarbeit nachgingen, keineswegs der Fall war.

Der direkte Vergleich von Müttern, die einer Erwerbsarbeit nachgehen oder solchen, die dies nicht tun, und der entsprechende Effekt auf Kinder, ist allerdings schwierig: Wenn eine Mutter den ganzen Tag mit dem Kind zusammen ist, gibt es natürlich auch Zeiten, in denen sie sich nicht gezielt mit dem Kind beschäftigt. Während Mütter, die einer Erwerbsarbeit nachgehen, die Zeit mit dem Kind zumeist sehr bewusst und intensiv gestalten. Damit sind die Zeitspannen, in denen das Kind im Mittelpunkt steht, oft gar nicht so unterschiedlich zwischen diesen beiden Müttergruppen. Außerdem ist geringe Abwechslung in einem Leben zwischen Haushalt und Kind auch ein Stress. Hausarbeit wird auch oft nicht als eigene Leistung wahrgenommen, nicht einmal von denen, die sie machen. Erwerbstätige Mütter können im Berufsfeld etwas leisten und erfolgreich sein, was ihr Selbstwertgefühl unterstützt. Und: nicht alle Mütter bleiben wirklich aus eigener Motivation zu Hause. Hier kommen natürlich auch sehr stark Geschlechtsstereotype zum Tragen, wodurch ein gesellschaftlicher oder familiärer Druck auf die Mütter ausgeübt wird.

Conclusio
Weder die Berufstätigkeit der Mutter noch eine frühe institutionelle Bildung und Erziehung haben negative Effekte auf die Kinder – weder kurz- noch langfristig. Wichtig ist jedoch zweifellos die Qualität von Kinderkrippe und Kindergarten.

2.3 „Was Hänschen nicht lernt, lernt Hans nimmermehr"

Wenn man den Wahrheitsgehalt dieses Sprichworts aus wissenschaftlicher Perspektive prüfen will, ist es notwendig, mit den Voraussetzungen für das Lernen zu beginnen, speziell für ältere Personen. Jürgen Baumert, emeritierter Direktor des Max Planck Instituts für Bildungsforschung in Berlin, sowie Kollegen nennen 1998 im OECD-Bericht *Prepared for life-long learning* drei Voraussetzungsbereiche des selbstregulierten Lernens als Grundlage von lebenslangem Lernen (LLL). Das eine sind die kognitiven Voraussetzungen. Dazu gehören Aufmerksamkeit, die im Verlauf des Lebens aufgebauten Wissensstrukturen und Lernstrategien, sowie die Annahmen, die man über Lernen und Fähigkeiten generell hat. In der Wissenschaft bezeichnen wir diese Annahmen als „Implizite Theorien". Der zweite Bereich sind die motivationalen Voraussetzungen. Welche Zielorientierung habe ich? Welche Einstellung habe ich zum Lernen? Was interessiert mich? Der dritte Bereich umfasst die sozioemotionalen Voraussetzungen. Da geht es insbesondere um soziale Fähigkeiten. Wie arbeite ich in einem Team? Wie konfliktfähig bin ich? Und so weiter. Sehen wir uns nun diese drei Voraussetzungsbereiche für Lernen mit Blick auf ältere Personen etwas genauer an.

Kognitive Voraussetzungen für lebenslanges Lernen (LLL)
Die Forschungen zu den kognitiven Voraussetzungen für LLL haben gezeigt, dass es zwei Komponenten der geistigen Entwicklung gibt: die fluide Mechanik und die kristalline Pragmatik. Die Mechanik ist die basale Informationsverarbeitung. Dazu gehören insbesondere die Geschwindigkeit der Informationsverarbeitung und die Gedächtnisleistung, d.h. wie schnell kann ich Information aufnehmen, speichern und abrufen. Die Pragmatik umfasst dagegen das erworbene Wissen, d.h. welche Wissensinhalte in welchem Umfang und in welcher Vernetzung ich über mein Leben bisher aufgebaut habe. Die kognitive Pragmatik ist daher hoch inhaltsreich, kulturabhängig, und es gibt sehr große Unterschiede zwischen den Personen, da das erworbene

Wissen ja erfahrungsabhängig ist. Die kognitive Mechanik ist dagegen inhaltsarm, universell, nur begrenzt trainierbar und weist auch eine biologisch-genetische Disposition auf. Die pragmatischen Funktionen sind dagegen in enorm hohem Maße entwickel- und förderbar. Die beiden Komponenten der Kognition, Mechanik und Pragmatik sind jedoch nicht unabhängig voneinander. Wer schneller Informationen aufnimmt und sich Dinge besser merkt, wird auch besser in der Lage sein, über seine Lebensspanne Wissen aufzubauen und zu vernetzen.

Wie verändern sich nun diese beiden Komponenten des Denkens über die Lebensspanne, d.h. wenn aus Hänschen der junge Hans und später der ältere Hans wird? Die Forschung zeigt eindeutig: Im Bereich der Mechanik haben wir zuerst einen steilen Anstieg bis circa 25 Jahren. Ab dann kommt es zu einer Abnahme der Leistungen. Wir können nicht mehr so viele Informationen auf einmal aufnehmen. Wir merken uns Dinge schlechter. Aber die positive Botschaft ist, dass die Pragmatik bis in das höhere Alter auf hohem Niveau bleibt und sogar noch etwas ansteigen kann. Dies betrifft nicht nur das Erwerben von Wissen und neuen Inhalten, sondern insbesondere auch die Fähigkeit, Inhalte zu vernetzen und zu strukturieren. Das ist ein großer Vorteil, denn damit sind wir auch in höherem Alter in der Lage, neue Herausforderungen und Aufgaben anzunehmen und zu bewältigen, denen man in jüngeren Jahren nicht so gewachsen war. D.h. Hans kann Sachen lernen, die Hänschen noch nicht lernen konnte.

Wie implizite Theorien unser Lernen beeinflussen

Eine besondere Bedeutung für das Lernen haben die Annahmen, die wir über das Lernen, über Intelligenz, über unsere Persönlichkeitseigenschaften haben. Diese werden in der Wissenschaft als „Implizite Theorien" oder „Naive Theorien" bezeichnet, da auf Basis des gesunden Menschenverstands Erklärungen für Alltagsgeschehnisse gesucht und formuliert werden. Eine der ForscherInnen, die sich besonders intensiv mit diesen Theorien beschäftigt hat, ist die Psychologieprofessorin Carol S. Dweck von der Stanford University in den USA. In ihrem 2006 veröffentlichten Buch *Mindset: The New Psychology of Success* befasst sie sich damit, wie Vorstellungen von Intelligenz den Lebensweg eines Menschen beeinflussen. Für Lernen im höheren Alter sind diese Vorstellungen insofern relevant, als diese Impliziten Theorien dann ja schon über viele Jahre entwickelt und gefestigt sind und das Lernen in früheren Jahren bereits beeinflusst haben.

Wir unterscheiden zwei Typen dieser Impliziten Theorien: Die eine nimmt an, dass unsere Eigenschaften unveränderbar sind. Das würde also heißen: Ich bin einfach zu dumm für Mathematik und werde es nie lernen. Oder: Ich bin einfach so impulsiv und kann mich nicht beherrschen. Die andere geht davon aus, dass unsere Eigenschaften, unser Wissen, unsere Kompetenzen veränderbar und entwickelbar sind. Wenn ich der Theorie anhänge, dass ich nichts mehr dazulernen, mich nicht verändern kann, werde ich mich auch nicht anstrengen. Wenn ich mich nicht anstrenge, werde ich auch wirklich nicht dazulernen. Wir nennen dies eine Spirale der sich selbst erfüllenden Prophezeiung.

Der Grundstein dafür, ob ich Eigenschaften für fix oder veränderbar halte, wird in der Familie und in der Schule gelegt. Eine besondere Rolle spielen dabei die Rückmeldungen, das Feedback, das Kinder auf

Erfolge oder Misserfolge von den Eltern und Lehrpersonen bekommen. Hier gilt leider: gut gemeint ist nicht immer gut gemacht. Wenn die Eltern oder LehrerInnen z.B. zu einem Kind nach Misserfolgen in Mathematik sagen: „Mathematik liegt dir halt nicht so, aber kränk dich nicht, du bist doch in Sprachen so gut" oder „du kannst dafür so schön singen und so gut Klavier spielen", dann glaubt das Kind – wenn es ähnliche Rückmeldungen immer wieder hört – nach einiger Zeit selbst, dass ihm dieses Fach nicht liegt. Wenn ich etwas für nicht veränderbar halte, werde ich mich auch weniger oder gar nicht engagieren. Bei wenig Einsatz werde ich dann auch nur wenig können und keine guten Leistungen aufweisen. Wenn ich mich dagegen hoch engagiere in den Bereichen, die mir – nach eigener Wahrnehmung und nach Rückmeldungen von Eltern und LehrerInnen – gut liegen, werde ich dort auch entsprechende positive Effekte haben. Damit tritt ganz genau das ein, was mir prophezeit wurde. Als Folge solcher Rückmeldungen glauben bereits sehr viele Kinder, dass ihr Wissen und ihre Kompetenzen in manchen Bereichen, vor allem in denjenigen, in denen sie in der Schule nicht so gut sind, unveränderbar sind.

Diese impliziten Theorien beeinflussen natürlich auch unser Lernen im Erwachsenenalter, oft noch stärker als im Kindes- und Jugendalter, da wir ja schon eine Lerngeschichte hinter uns haben. Wenn wir glauben, dass wir für manche Bereiche einfach nicht begabt sind, dann werden wir uns auch im Erwachsenenalter hier nicht bemühen. Damit wird die implizite Theorie wieder bestätigt. Rückmeldungen wie „das kannst du nicht", „dafür bist du zu dumm" oder „das schaffe ich nicht!"

sind daher in jedem Lebensalter fatal für die Lernmotivation und den Lerneinsatz. Unsere impliziten Theorien
beeinflussen unsere gesamte Bildungskarriere. Daher ist
es sehr wichtig, Theorien, die die Unveränderlichkeit von
Eigenschaften annehmen, aufzubrechen.

Erfreulicherweise zeigen Studien, dass man Personen
auch mit kurzen Interventionen dazu bringen kann, dass
sie weggehen von der Annahme, Eigenschaften und Verhaltensweisen sind fixiert. Dies zeigt z.B. ein Experiment,
das die US-PsychologInnen Joshua Aronson, Carrie
B. Fried und Catherine Good 2002 mit Studierenden
gemacht haben. Der Versuchsgruppe wurde ein Film
darüber gezeigt, wie durch Lernen neue Synapsen im
Gehirn gebildet werden und das Gehirn sich dadurch
verändert. Zusätzlich wurden die Studierenden aufgefordert, für andere Studierende, die diesen Film nicht
gesehen haben, aufzuschreiben, wie sich das Gehirn
durch Lernen verändert. Am Ende des Semesters hat
man analysiert, wie es um die Lernmotivation und Lernfreude der Studierenden, als auch ihre Leistung steht. Es
hat sich herausgestellt, dass die Gruppe von Studierenden, die diesen Film gesehen und die Texte geschrieben
hat, viel bessere Leistungen und viel mehr Freude am
Lernen hatte, als Studierende von Kontrollgruppen, die
dies nicht gemacht hatten.[10]

Motivationale Voraussetzungen für LLL

Zu den motivationalen Voraussetzungen für Lebenslanges Lernen (LLL) gehören Zielorientierung, Selbstkon-

---

10 Ausführliche Informationen zu diesem Thema sind auf der Website www.
reducingstereotypethreat.org zu finden.

zept und Selbstwirksamkeit und die Einstellungen zum Lebenslangen Lernen. Studien, die Ziele und Ansprüche an Lernen und Leistung von Personen unterschiedlichen Alters vergleichen, zeigen, dass man, wenn man älter wird, fast unmerklich das eigene Anspruchsniveau an die einsetzenden Verluste anpasst. Dieses sukzessive Anpassen an die eigenen Möglichkeiten bewirkt, dass die Lebenszufriedenheit erhalten bleibt. Wenn wir über das ganze Leben dieselben Ansprüche hätten, z.B. wie schnell wir laufen, wie viel wir uns auf einmal merken usw., dann wären wir, wenn wir älter werden, pausenlos frustriert. So gesehen ist es sehr positiv für unseren Selbstwert, dass sich unser Anspruchsniveau an die veränderte Realität anpasst. Dies geschieht u.a. dadurch, dass sich ältere Personen Ziele setzen, die durch altersbedingte Veränderungen weniger beeinträchtigt sind. Auch hier spielen Stereotype eine Rolle, d.h. Stereotype über das Alter. Diese haben bereits junge Menschen. Je älter wir werden, desto mehr werden diese Stereotype zu Stereotypen über uns selbst.

Sozio-kognitive und emotionale Voraussetzungen für LLL

Der sozioemotionale Bereich ist von hoher Bedeutung für Lernen in sozialen Kontexten. Hier sind ältere Menschen jüngeren sogar überlegen, d.h. es gibt Zunahmen mit dem Alter. Das hat mehrere Gründe. Ältere Menschen sind im Allgemeinen psychisch ausgeglichener als Jüngere. Das hat auch damit zu tun, dass sie schon vieles erlebt und gesehen haben und daher nicht ständig glauben, etwas zu versäumen, sondern das Leben gelassener nehmen. Sie verfügen im Allgemeinen auch über höhere soziale Kompetenzen – was ebenfalls mit Erfahrung zu tun hat – und können besser mit Stress und mit emotionalen Belastungen umgehen als Jüngere. Aus diesem Reservoir an Erfahrungen können sie selbst schöpfen, aber auch jungen Menschen Ratschläge geben. Ältere Menschen übernehmen auch Aufgaben in der Familie wie die Betreuung von Enkelkindern oder ehrenamtliche Tätigkeiten. Einschlägige Studien zeigen, dass ältere Menschen bis etwa zum 75. Lebensjahr mehr Unterstützung geben, als sie erhalten. Das nützt sowohl der Gesellschaft als auch ihnen selbst, weil sie erleben, dass sie gebraucht werden und Positives bewirken können.

Der Einfluss der persönlichen Bildungsbiographie

Somit sind die Voraussetzungen dafür, dass „Hans lernen kann" und zwar auch Dinge, „die Hänschen nicht gelernt hat" grundsätzlich gegeben. Die Altersforschung zeigt auch ganz klar, dass Lernen in jedem Alter möglich ist. Den größten Einfluss darauf, ob wir es auch tun, hat die eigene Bildungsbiographie. Mit zunehmendem Alter wird die Heterogenität zwischen den Menschen generell, aber auch hinsichtlich Bildung, immer größer. Die geringsten Unterschiede bestehen im Säuglingsalter. Nach der Geburt sind die Funktionen und der Entwicklungs- und Lernverlauf noch im Wesentlichen gleich, z.B. hinsichtlich des ersten Lächelns, eigenständigen Sitzens, Krabbelns, etc. Später kommen dazu: Wie bilden wir uns? Welche Erfahrungen machen wir? Welche Unterstützung und Förderung bekommen wir? Und so weiter. Daher werden die Unterschiede immer größer. Die Bildungserfahrungen, die wir in früheren Lebensjahren gemacht haben, bestimmen, ob, wie viel und wie wir uns in späteren Jahren weiterbilden. Dadurch kommt es zu einer Verstärkung von Ungleichheiten. Wer schon früher viel und gerne gelernt hat, wem es Spaß gemacht hat, etwas Neues zu erfahren, der wird das auch weiter tun. Das zeigen auch Statistiken: Je höher der erste Bildungsabschluss ist, desto größer ist auch die Wahrscheinlichkeit, an Weiterbildungen teilzunehmen. Die Chancen zur Teilnahme an Bildungsangeboten sind auch größer, je qualifizierter und anspruchsvoller die berufliche Tätigkeit ist. Menschen mit einer höheren Bildung, die geistig aktiv bleiben und ständig Neues dazulernen, können sich zumeist auch viel länger selbst versorgen. Sie sind im Mittel auch gesünder und leben länger. Damit geht die Schere immer weiter auf.

Erstrebenswert wäre es natürlich, die Lernmotivation und die Bereitschaft, sich für etwas Neues zu engagieren, bei möglichst vielen Menschen möglichst lange aufrecht zu erhalten. Hier sind auch Firmen und Betriebe gefordert, die MitarbeiterInnen über die gesamte Berufszeit zu Fortbildung anzuregen. Denn man kann nicht erwarten, dass jemand, der sein ganzes Berufsleben lang keine Weiterbildung gemacht hat, sich in der Pension plötzlich weiterbildet. Das ist nicht ausgeschlossen, aber viel schwieriger, als wenn ich regelmäßig aktiv dazugelernt habe.

Die größte Herausforderung ist es zweifellos, jene Menschen, die in der Schule nicht so gute Lernerfahrungen hatten, die nicht von alleine weiter lernen, zu motivieren, sich doch wieder auf das Lernen einzulassen. Falls dies gelingen sollte, ist es von zentraler Bedeutung, dass das Lernen erfolgreich ist, sodass Lernfrustrierte auch künftig nicht mehr vor dem Lernen zurückschrecken, sondern es als positiv und erfolgreich erleben. Entsprechende Angebote müssen daher einfach und behutsam sein und auf die bisherigen Lernerfahrungen der jeweiligen Zielgruppe, das Alter, die Konzentrationsfähigkeit, die Gedächtnisleistung usw. Rücksicht nehmen.

Lernen und Weiterbildung brauchen jedoch keineswegs über Kurse etc. zu erfolgen, es kann auch informell sein. Fernsehdokumentationen, Bücher, Fachzeitschriften, Online-Sprachkurse oder was auch immer, können das Lernen und das Interesse an Neuem wach halten. Deshalb ist es wichtig, dass Fernsehen, Radio, Zeitschriften oder das Web Inhalte anbieten, die zur Bildung geeignet sind, und zwar auch für ältere Menschen, und dass solche Angebote hohe Qualität haben und auch leicht gefunden werden können. Der Austausch untereinander und das stolze Weitererzählen, dass man etwas Neues gelernt hat, spielen dabei auch eine wichtige Rolle.

Was außerdem forciert werden sollte, ist ein intergenerationales Lernen. Die Älteren können von den Jüngeren z.B. lernen, wie man mit den Neuen Medien umgeht, mit neuen technischen Geräten usw., die Jüngeren können von der Erfahrung der Älteren über berufliche Anforderungen und Entscheidungen, das Managen von Familie und Beruf etc. profitieren. Wichtig ist dabei auch der Austausch über Interessen oder die Einstellungen zu aktuellen gesellschaftlichen Problemen. Damit würde sich auch das Bild vom Alter, das bei manchen jüngeren Menschen sehr stark von Defiziten geprägt ist, verändern.[11]

Conclusio

Das Sprichwort „Was Hänschen nicht lernt, lernt Hans nimmermehr" ist nicht zutreffend. Hans kann sehr wohl

---

11 Viele detaillierte Informationen zu diesem Thema wurden 2014 in einem Workshop der *Arbeitsgemeinschaft Bildung und Ausbildung* der *Österreichischen Forschungsgemeinschaft über Bildung im Alter* zusammengetragen und sind auf deren Website www.oefg.at zu finden.

Dinge lernen, die Hänschen nicht gelernt hat. Allerdings fällt das Lernen denjenigen, die schon als „Hänschen" oder „Mariechen" viel und gerne gelernt haben, als „Hans" oder „Maria" leichter und sie tun es auch öfter. Eine besondere Rolle kommt dabei den Impliziten Theorien zu, d.h. ob ich glaube dass meine Eigenschaften, mein Wissen, veränderbar sind oder fix.

2.4 „Kompetenz ist das Gegenteil von Wissen und Bildung"

Kompetenz ist ein schillernder Begriff, der sowohl in der Wissenschaft, als auch in der Alltagssprache und in der öffentlichen Diskussion immer wieder aufgegriffen wird. Er zählt seit etwa 50 Jahren zu den Modebegriffen der Sozial- und Erziehungswissenschaften. In den vergangenen Jahren hat sich der Diskurs um den Begriff selbst, aber auch um Kompetenzmodelle und Kompetenzmessung noch deutlich intensiviert. Die Intensität, mit der sich Befürworter oder Gegner dabei einbringen, zeigt, dass der Begriff auch stark emotional besetzt ist. In der wissenschaftlichen Literatur gibt es bisher keine Definition von Kompetenz, der sich alle anschließen würden. Der Grund dafür ist, dass der Kompetenzbegriff Wurzeln in verschiedenen Disziplinen hat und dort auch unterschiedlich verwendet wurde und wird. Diese Diskurse sind zum Teil sehr kompliziert. Ich möchte trotzdem hier einen kurzen Überblick geben.

Die Wurzeln des Kompetenzbegriffs in der Psychologie
Die Popularität des Kompetenzbegriffs begann mit dem Linguisten Noam Chomsky, emeritierter Professor für Lin-

guistik am Massachusetts Institute of Technology in Boston in den USA, und seiner Theorie der Sprachkompetenz, die er ab 1967 entwickelte. Er ging davon aus, dass alle Menschen eine gemeinsame kognitive Basis des sprachlichen Handelns haben, und damit bei allen Menschen Sprache in gleicher Weise entsteht. Diese gemeinsame Basis bezeichnete Chomsky als Sprachkompetenz. Unterschiedlich ist seiner Theorie zufolge jedoch, wie diese Kompetenz sich im Handeln, also im Sprechen, realisiert. Diese Ausprägung der Kompetenz bezeichnet er als Performanz. Die Performanz wird nach Chomsky von personalen und situativen Faktoren beeinflusst. So sind manche Menschen sprachbegabter, andere weniger, in manchen Situationen kann man sich leichter ausdrücken, z.b. im privaten Bereich oder gegenüber Freunden, in anderen Situationen fällt es schwerer, z.B. wenn man vor einer großen Gruppe spricht oder sich in einer Bewerbungssituation befindet.

Ein weiterer berühmter Vertreter dieses Ansatzes, dass Kompetenz die allen gemeinsame kognitive Basis darstellt und Unterschiede zwischen Personen nur in der Performanz, der jeweiligen Realisierung der Kompetenz bestehen, ist der Schweizer Entwicklungspsychologe Jean Piaget. Er formulierte auf Basis dieser Annahme seine Theorie der intellektuellen Entwicklung.

Eine andere Gruppe von ForscherInnen bezeichnete mit Kompetenz dagegen die Fähigkeit einer Person, Anforderungen in konkreten Situationen zu bewältigen. Dieses Verständnis von Kompetenz entspricht dem, was Chomsky und Piaget mit Performanz bezeichnet haben. Diese unterschiedliche Verwendung von Begriffen ist sicherlich auch mit die Ursache für die heftigen Diskussionen um Kompetenz. Der bedeutendste Vertreter dieser Richtung im deutschsprachigen Raum war der deutsche Psychologe und Vizepräsident der Max-Planck-Gesellschaft Franz Emanuel Weinert.

Kompetenzkonzepte in den Erziehungswissenschaften

Der Begriff Kompetenz hat eine seiner Wurzeln auch in den Erziehungswissenschaften. Dort wurde er allerdings erst 20 Jahre später systematisch verwendet. Hier war insbesondere die Trias von Fachkompetenz, Sozialkompetenz und Sachkompetenz sehr bedeutsam. Unter Fachkompetenz wird die Fähigkeit und Bereitschaft verstanden, Aufgaben selbstständig und richtig zu bearbeiten und das Ergebnis zu beurteilen. Selbstkompetenz bedeutet die Fähigkeit und Bereitschaft, sein eigenes Leben in Beruf und Familie sowie auch seine Entwicklungsmöglichkeiten zu reflektieren, Lebenspläne zu fassen und weiter zu entwickeln. Sozialkompetenz umfasst die Fähigkeit und Bereitschaft, sich mit anderen Menschen verantwortungsvoll auseinanderzusetzen und zu verständigen.

Kompetenzvermittlung und –messung als bildungspolitische und bildungswissenschaftliche Herausforderung

Parallel zu diesen wissenschaftlichen Diskursen drängt auch die europäische Bildungspolitik auf die Vermittlung von Kompetenzen und auf die Anerkennung von Lernergebnissen. Der Bologna-Prozess hat nicht nur die Umstellung auf Bachelor- und Masterstudien an Universitäten und Hochschulen gebracht, sondern auch explizit die Kompetenzorientierung in der Lehre (siehe dazu die Ausführungen über den Europäischen Qualifikationsrahmen in Kapitel 1.3). Auch im Schulsystem wird die Vermittlung von Kompetenzen zunehmend gefordert.

Um mit diesen politischen Herausforderungen wissenschaftsbasiert umgehen zu können, haben die Deutsche Forschungsgemeinschaft und das deutsche Bundesministerium für Bildung und Forschung mehrere Schwerpunktprogramme eingerichtet, die sich mit Kompetenzmodellen und Kompetenzmessung beschäftigen. Als Basis für eines der ersten derartigen Programme haben die beiden deutschen Bildungsforscher Eckhard Klieme und Detlev Leutner 2007 in der *Zeitschrift für Pädagogik* formuliert, was eine Person, die kompetent handelt, auszeichnet. Diese Beschreibung wurde, wenn auch nicht gänzlich unwidersprochen, vielen weiteren Studien zugrunde gelegt. Eine Person, die kompetent handelt, verfügt nach Klieme und Leutner nicht nur über träges Wissen, sondern ist nachweislich und immer wieder (auch in neuen Situationen) in der Lage, reale Anforderungen zu bewältigen. Die Kompetenz ist die Basis dafür. Dabei kann es sich um sehr breite Kompetenzbereiche handeln – sogenannte „Schlüsselkompetenzen" nach Weinert, wie z.B. sprachliche Kompetenzen – oder auch um spezifische Kompetenzen. Grundlegend ist jedoch der Kontextbezug, d.h. es geht um Anforderungen in einer bestimmten konkreten Situation, und die Erlernbarkeit. Zusätzlich gehören nach Klieme und Leutner, wie auch nach Weinert, zu Kompetenz auch Kognitionen, Motivation und Volition (= Wille und Anstrengung). Um diese Anforderungen zu bewältigen, brauchen wir alle drei Wissensarten: Das Faktenwissen oder deklarative Wissen, das prozedurale Wissen oder Handlungswissen und das konditionale Wissen, d.h. das Wissen darüber, wie ich mein Handlungswissen an die konkrete Situation anpasse. (Siehe dazu Kapitel 1.4) Denn nur, wenn alle drei Arten des Wissens gegeben sind, ist jemand in der Lage, in einer konkreten Situation kompetent zu handeln.

Kompetenzen messen –
eine beachtliche Herausforderung

Vor einigen Jahren haben wir im Auftrag des Bildungsministeriums „Notebook-Klassen" evaluiert. Notebook-
Klassen sind Schulklassen ab der 9. Schulstufe, in denen
sämtliche SchülerInnen ein Notebook haben und dieses
auch in möglichst allen Unterrichtsfächern verwenden.[12]

Um die Evaluation durchführen zu können, haben wir
im ersten Schritt gemeinsam mit repräsentativ ausge-
wählten LehrerInnen erarbeitet, in welchen Bereichen
SchülerInnen von Notebook-Klassen anderen SchülerInnen überlegen sein sollten. Nach Ansicht der LehrerInnen sollten die SchülerInnen, die im Unterricht
systematisch mit den Notebooks arbeiten, insbesondere
besser im Informationsmanagement sein.

Wir standen bei der Evaluation nun vor der Herausforderung, eine Methode zu finden, mit der wir Informationsmanagement überprüfen können – und zwar
unabhängig von einem bestimmten Schulfach. Denn
Notebook-Klassen gab und gibt es in allen Oberstufen-
formen, in verschiedenen Typen Berufsbildender Höherer
Schulen und in Gymnasien, die jeweils unterschiedliche
Unterrichtsfächer haben. Standardmethoden für die
Erhebung von Informationsmanagement im Schulkon-
text gab es nicht. Wenn man Informationsmanagement
als Kompetenz prüfen will, d.h. Fakten-, Handlungs- und
konditionales Wissen, reicht es natürlich nicht, nur einen

---

12 Die Ergebnisse der Evaluation wurden von Vera Popper, Dagmar Strohmeier
und mir in dem 2012 von Angela Costabile und Barbara Spears bei Routledge
herausgegebenen Buch *The Impact of Technology on Relationships in Educational
Settings* veröffentlicht.

Fragebogen vorzugeben. Vielmehr sollte es eine Aufgabe sein, mit der jeder Schüler, jede Schülerin im Schulalltag konfrontiert werden könnte. Die Aufgabe sollte von den SchülerInnen auch als sinnvoll und nicht als künstlich und konstruiert erlebt werden. Gleichzeitig sollte die Aufgabe natürlich auch der einschlägigen Literatur über Informationsmanagement entsprechen.

Wir haben schließlich folgende Aufgabe entwickelt und den SchülerInnen vorgegeben: „In vier Wochen (konkretes Datum) kommt eine Klasse aus den USA zu Besuch. Den US-SchülerInnen soll eine Sehenswürdigkeit der Stadt/des Ortes (in der die Schule der Notebook-Klassen liegt) gezeigt werden. Zusätzlich soll ein Besuch einer kulturellen Veranstaltung (Theater, Konzert, etc.) organisiert werden. Das Programm für die US-SchülerInnen soll in einer Powerpoint- oder anderen Präsentationsform dem Schulleiter/der Schulleiterin vorgestellt werden. Schließlich sollen die US-SchülerInnen in einer Mail (in Englisch) über den Ablauf des Besuchs informiert werden, alles mit konkreten Zeitangaben, auch über das Abholen."

Die SchülerInnen mussten nun recherchieren, welche Veranstaltungen und Sehenswürdigkeiten passen mit Blick auf Öffnungszeiten, Transportmöglichkeiten etc. Da gab es große Unterschiede, je nachdem, ob die Schule in Wien oder einem kleinen Ort lag. Die SchülerInnen mussten für die Bearbeitung der Aufgabe alle drei Wissensarten einsetzen: Faktenwissen, Handlungswissen und konditionales Wissen (Anpassung an die Situation). Die Aufgabe hat allen sehr gut gefallen und die NotebookschülerInnen zeigten auch wirklich bessere Leistungen als die SchülerInnen der Vergleichsgruppe ohne Notebooks.

In zynischen Diskussionen wird der Kompetenzbegriff oft lächerlich gemacht. Man würde in der Schule die Kompetenz lernen, wie man eine Tür öffnet – und dergleichen. Für solche Situationen ist der Kompetenzbegriff natürlich unsinnig. Tatsächlich wurde aber sowohl in der Schule als auch an Universitäten viel zu lange nur Faktenwissen vermittelt, das in einem intellektuellen Diskurs sehr spannend ist. Aber in vielen Bereichen brauchen wir zusätzlich auch das Wissen darüber, wie wir das Faktenwissen in Handeln umsetzen können. Daher ist die Sinnhaftigkeit des Kompetenzbegriffs durchaus nachvollziehbar, nur wird er manchmal zu vorschnell verwendet oder – unabsichtlich oder absichtlich – missverstanden. Das ebenfalls häufig gebrachte Argument, dass Wissen ausreicht, würde nur dann passen, wenn alle drei Wissensarten damit gemeint sind, was jedoch in der Praxis des Lehrens und Lernens zumeist nicht ausreichend der Fall ist. Denn kompetenzorientierter Unterricht, kompetenzorientierte Lehre sind beachtliche Herausforderungen. Auch die Gestaltung von Prüfungssituationen wird dadurch viel schwieriger. Faktenwissen lässt sich wesentlich einfacher abprüfen als Handlungswissen oder konditionales Wissen.

Die Medizin war eine der ersten Disziplinen an den Universitäten, die dazu übergegangen ist, vermehrt Kompetenzen zu vermitteln anstatt reines Faktenwissen. Zusätzlich dazu, dass die Studierenden Faktenwissen als Basis in Physik, Anatomie, Chemie, Chirurgie, Interne usw. erwerben, werden sie auch mit Problemen aus der Praxis konfrontiert. Eine typische Situation könnte sein, dass ein Patient zum Arzt kommt und sagt, dass ihm der linke Arm weh tut und es bei der Brust sticht. Der Prüfling muss nun wissen, dass dies die Symptome eines Herzinfarkts sein könnten, der Patient aber genauso eine Überbeanspruchung durch Sport oder eine handwerkliche Tätigkeit oder Verspannungen im Rücken durch langes Sitzen am Computer haben könnte. Er muss also sein Faktenwissen über die diversen Krankheiten und ihre typischen Symptome abrufen und überlegen, was er den Patienten fragen und welche Untersuchungen er machen muss, um zu einer richtigen Diagnose zu kommen und weitere Untersuchungen oder die passende Therapie vorzuschlagen. (Weitere Bespiele dazu finden sich in Kapitel 1.4)

Ähnliche Herausforderungen stellen sich auch in der Schule. Lange Zeit waren die Lehrpläne nicht an der Vermittlung von Kompetenz orientiert. LehrerInnen müssen sich deshalb die Schritte der Kompetenzvermittlung – alle drei Wissensarten – neu durchdenken und sich einerseits Übungsbeispiele überlegen, sofern es noch nicht entsprechende Materialien gibt, aber auch Beispiele, mit denen sie die Kompetenzen prüfen können. Das ist eine beachtliche Herausforderung, die in manchen Fächern, wie z.B. Mathematik, leichter gelingt, in anderen, wie z.B. Deutsch, schwerer.

Einen Rahmen dafür bieten **Kompetenzmodelle**. An diesen wird derzeit an vielen Orten gearbeitet, zumeist in Kooperation von Wissenschaft und Praxis. Die erste Frage, die es zu beantworten gilt, ist dabei immer: Gibt es Subbereiche der Kompetenz? Nehmen wir als Beispiel die mathematische Kompetenz. Hier könnte man z.B. eine grobe Einteilung in Arithmetik und Geometrie vornehmen. Die nächsten Fragen lauten: Welche Kompetenzstufen gibt es? Wie entwickeln sich diese Subbereiche der Kompetenz? Was wäre z.B. eine niedrige Kompetenzstufe in der Arithmetik? Das könnte z.B. sein, dass man einfache Additionen und Subtraktionen durchführen kann. Danach kommt Dividieren und Multiplizieren usw. Die Kombination von Struktur (= Subbereichen) und Stufen ergibt das Kompetenzmodell. Damit kann man auch Entwicklungen nachvollziehen, z.B. was können Kinder mit sechs Jahren, welche Kompetenzstufe sollte mit zehn Jahren nach vier Jahren Schule erreicht sein. Darauf aufbauend werden dann entsprechend Testverfahren entwickelt, um die Kompetenz zu prüfen. Beispiele dafür sind die standardisierten Erhebungen (die Bildungsstandards), die in Österreich seit einigen Jahren am Ende der vierten Schulstufe in Mathematik und Deutsch und am Ende der achten Schulstufe in Mathematik, Deutsch und Englisch durchgeführt werden.[13]

Conclusio

Auch wenn es noch keine Definition von Kompetenz gibt, der alle WissenschaftlerInnen zustimmen, so ist doch eines unumstritten: Kompetenz ist keineswegs das Gegenteil von Wissen und Bildung. Wissen ist vielmehr die zentrale Voraussetzung für kompetentes Handeln. Erforderlich sind dabei alle drei Wissensarten: Faktenwissen, Handlungswissen und konditionales Wissen.

2.5 „Akademisierung löst alle Probleme"

Im Wintersemester 2013/14 studierten an den von Statistik Austria erhobenen tertiären Bildungseinrichtungen (öffentliche und private Universitäten, Fachhochschulen, Pädagogische Hochschulen, Theologische Hochschulen, akademische Weiterbildungslehrgänge) 285.265 Öster-

---

13 Für Details siehe www.bifie.at/bildungsstandards

reicher und Österreicherinnen. Im Studienjahr 1982/83
waren es nur 120.620. (Die Bevölkerung stieg in diesem
Zeitraum von 7,584.094 im Jahr 1982 auf 8,451.860 im Jahr
2013) Vielfach wird gefordert, dass der Anteil der Studierenden noch deutlich steigen soll, d.h. dass möglichst viele
Menschen eine akademische Bildung haben sollen. Gegner
dieser Forderung bezeichnen das als „Akademisierungs-
wahn". Wenn man sich mit dem Thema akademische Bildung beschäftigt, muss man sich jedoch gleichzeitig auch
mit der Berufsbildung auseinandersetzen.

Der Stellenwert von Berufsbildung

Wer in Österreich nach der Schule nicht studiert, fängt entweder gleich zu arbeiten an oder macht eine Berufsbildung.
Allerdings muss man sich vor Augen halten, dass es das
Berufsbildungssystem, wie wir es in Österreich kennen,
nicht in allen Ländern der Welt in dieser Form gibt. In
Österreich gibt es eine lange Tradition des sogenannten
dualen Systems der Berufsbildung. Duales System meint,
dass eine parallele Ausbildung stattfindet – einerseits in
Betrieben und andererseits in Berufsschulen, die sowohl
von der Wirtschaft als auch von der öffentlichen Hand
getragen wird. Diese Tradition eines dualen Systems gibt
es nur in fünf europäischen Ländern, nämlich in Österreich, in Deutschland, der Schweiz, in Dänemark und in
den Niederlanden. In den vergangenen Jahren wurden
zunehmend auch in anderen Ländern verschiedene Arten
von Berufsbildung etabliert. Allerdings nicht in dieser differenzierten Form und auch nicht in gleichem Umfang,
weil es ja lange Zeit braucht, bis so eine standardisierte
Ausbildung in Kooperation zwischen Wirtschaft und Staat
aufgebaut ist und zuverlässig funktioniert.

Wenn US-amerikanische ForscherInnen bei Konferenzen von unserer dualen Berufsbildung hören, sind sie immer sehr erstaunt. Sie fragen zumeist, was wir da Komisches machen, denn in den USA würde z.b. ein Kellner, eine Kellnerin in ein, zwei Stunden angelernt. Warum dauere das in Österreich drei Jahre? Sie wissen aber natürlich nicht, dass man in der Kellnerlehre nicht nur lernt, wie man ein Tablett trägt, sondern in der Berufsschule auch Deutsch, Mathematik, Englisch usw. und zusätzlich Inhalte wie Hygiene, Kostenabrechnung oder wie man einen Restaurantbetrieb führt.

Das zu wissen ist für die Debatte über Akademisierung sehr wichtig, denn der Ruf nach mehr Akademisierung kommt von der OECD, der Internationalen Organisation für wirtschaftliche Zusammenarbeit und Entwicklung, und von der Europäischen Union. Er kommt also vor allem von Ländern, die die duale Form der Berufsbildung gar nicht kennen. Daher ist aus ihrer Sicht die einzige Möglichkeit für eine qualifizierte Bildung und Ausbildung, dass die jungen Menschen auf Colleges oder Universitäten gehen.

Noch ein wichtiger Punkt: Zur Berufsbildung in Österreich gehört nicht nur das duale System, sondern auch die Berufsbildenden Schulen. Besonders erfolgreich sind die Berufsbildenden Höheren Schulen, die ein breites Spektrum an Ausbildungen vom Kaufmännischen Bereich, Technik, Tourismus, Kindergartenpädagogik bis Wirtschaft anbieten. Sie dauern fünf Jahre von der 9. bis zur 13. Schulstufe und schließen mit einer Matura ab. Die Berufsbildenden Höheren Schulen hatten in den vergangenen Jahren von allen Schultypen den meisten Zulauf. Einer Ausbildung z.B. an einem US-College sind sie jedoch formal derzeit nicht gleichgestellt. Es gibt auch keine Studien, die die erworbenen Kenntnisse und Kompetenzen vergleichen. Es gibt jedoch Bestrebungen

im Rahmen des Europäischen Qualifikationsrahmens, hier
Angleichungen vorzunehmen (siehe Kapitel 1.3).

Die Analyse der Arbeitslosigkeitsstatistiken zeigt, dass
die Länder, die das duale Berufsbildungssystem haben,
eine weitaus geringere Jugendarbeitslosigkeit aufweisen als
Länder, die diese Berufsbildung nicht haben. Ein Land mit
einem guten Berufsbildungssystem war also, bezogen auf die
Erwerbstätigkeit von Jugendlichen, den Ländern, die hohe
Akademikerraten haben, in den vergangenen Jahrzehnten
deutlich überlegen. Auch Finnland, der PISA-Kaiser, schneidet in Bezug auf die Arbeitslosigkeit von Jugendlichen deutlich schlechter ab als z.b. Deutschland, Österreich oder die
Schweiz. Vielen Menschen in Österreich ist jedoch gar nicht
bewusst, welche Stärke wir durch unser Berufsbildungssystem im Vergleich zu anderen Ländern haben und wie wir
auch wirtschaftlich davon profitieren.

Als Folge davon, dass der Ruf nach Akademisierung in
den letzten Jahren so stark wurde, geriet die Berufsbildung
ins Hintertreffen, wurde wenig wertgeschätzt und es wurde
nicht oder zu wenig vermittelt, wie gut Jugendliche damit
qualifiziert werden und wie gut ihre Chancen am Arbeitsmarkt sind. Daher glauben viele Eltern, dass ihre Kinder
unbedingt Matura machen und studieren müssen. Das
erhöht einerseits den Druck auf die Jugendlichen (siehe
dazu Kapitel 1.1), andererseits hat sich auch der Arbeitsmarkt nicht parallel zu diesen Elternwünschen entwickelt.

Akademische Bildung versus Berufsbildung

Demographische Studien belegen eindeutig, dass Bildung
sowohl zum Erfolg des/der Einzelnen als auch zum wirtschaftlichen Erfolg eines gesamten Landes beiträgt. Auch
die Arbeitslosenstatistik für Österreich zeigt klar, dass

Bildung hilft, einen Arbeitsplatz zu bekommen. Den mit großem Abstand höchsten Anteil an Arbeitslosen hat die Gruppe derer, die nur einen Pflichtschulabschluss haben. Damit sind die Forderung nach höherer Bildung und insbesondere die Forderung nach einem Bildungsminimum für alle richtig und unbedingt zu unterstützen. Wir sollten ein hohes Investment treiben, um den Anteil an Personen mit niedriger Bildung zu senken und den mit hoher Bildung zu erhöhen. Der Nationale Bildungsbericht zeigt, dass hier dringender Bedarf besteht.[14]

Allerdings bedeutet der Abschluss einer Universität nicht unbedingt, dass man mehr verdient als mit einer Berufsausbildung, oder leichter einen Job bekommt. Es gibt zwar eine gewisse Relation zwischen akademischer Bildung und Einkommen, aber nur in bestimmten Branchen. Auch die gewählte Studienrichtung (z.B. Technik versus Geisteswissenschaft) hat Einfluss auf die Arbeitsmarktchancen.

Es gibt noch einen weiteren Aspekt, den man bei einem Diskurs über Akademisierung mitberücksichtigen sollte: Nicht alle Jugendlichen an Universitäten, Fachhochschulen etc. sind glücklich in ihrem Studium. Viele fühlen sich durch die akademischen Ansprüche hinsichtlich schlussfolgernden Denkens oder die sehr hohen Ansprüche an Selbstregulation überfordert, was sich in langen Studienzeiten und Studienabbrüchen niederschlägt. Das hat auch damit zu tun, dass Matura nicht Matura bzw. Abitur nicht Abitur ist. Dies zeigen Studien aus Deutschland sehr deutlich. Dort ist die Bildung Ländersache. In manchen Ländern wurden, um dem Akademisierungsdruck nachzugeben und viel mehr Jugendliche zur Matura zu führen,

---

14 https://www.bifie.at/nbb

spezielle Schultypen eingeführt. Vergleiche zwischen den Ländern zeigen dementsprechend deutliche Unterschiede. Ein „Sehr gut" in einem Bundesland entspricht keineswegs einem „Sehr gut" in einem anderen Bundesland. Das gilt analog für den Erwerb des Abiturs.

Ein zu hoher Druck in Richtung Akademisierung hat auch Auswirkungen auf den Arbeitsmarkt. Studien zeigen, je mehr junge Menschen in eine akademische Bildung drängen, desto weniger motivierte und begabte Jugendliche gehen in eine für die Wirtschaft und den Arbeitsmarkt wichtige Berufsbildung. Eine Lehre wird dann immer mehr zu einem „Abstellgleis" für Jugendliche, die eher schwach in der Schule sind und wenig motiviert für das Lernen. Wenn nur mehr Jugendliche, die in der Schule schlechte Leistungen haben, in die Berufsbildung gehen, führt das wiederum zu einer Stigmatisierung der Lehre als Ausbildung für die „Dummen" und es kommt zu einer Abwärtsspirale. Diese Gefahr ist in Deutschland bereits deutlich mehr gegeben als in Österreich; in der Schweiz dagegen deutlich weniger, da diese ihr Berufsbildungssystem wesentlich mehr schätzt. Zusätzlich investiert die Schweiz auch viel Geld in Berufsbildungsforschung zu Fragen, wie die Berufsbildung gestaltet werden muss, damit sie den Anforderungen einer globalisierten Welt entspricht.[15]

Herausforderungen für Berufsbildung und akademische Bildung

In den letzten Abschnitten habe ich sehr stark für die Wertschätzung der Berufsbildung plädiert. Das soll jedoch keineswegs bedeuten, dass ich gegen einen Anstieg der

---

15 Siehe dazu auch die Ergebnisse des 2013 von der Österreichischen Forschungsgemeinschaft durchgeführten Workshops *Welche Akademikerquote brauchen wir?* http://www.oefg.at/oeffentlichkeit/publikationen/online/

AkademikerInnen bin. Ganz im Gegenteil. Wir brauchen beides. Wir brauchen mehr hoch qualifizierte AkademikerInnen und mehr hoch qualifizierte BerufsbildungsabsolventInnen, die auch zusammenarbeiten können. Reduziert werden sollte dagegen der Anteil derer, die nur Pflichtschule und keine Ausbildung haben. Vielmehr sollten möglichst alle Menschen ein Bildungsminimum erreichen, das ihnen die Teilhabe an Wirtschaft, Gesellschaft und politischen Entscheidungen ermöglicht und zwar so, dass die Art der beruflichen Tätigkeit ihren Kompetenzen und Interessen entspricht. Denn wenn das nicht passt, dann ist man nicht zufrieden oder sogar unglücklich. Die Folge sind hohe Krankenstände und Frühpensionen zum Schaden der Wirtschaft und von uns allen. Eine wichtige Voraussetzung ist jedoch die Anerkennung und Wertschätzung der Berufsbildung. Vor allem müssen wir davon wegkommen, akademische Bildung als höherwertig als die berufliche Bildung zu sehen. In Deutschland gibt es seit einiger Zeit einen Anstieg in der Verbindung von Studium mit Lehre. Auch in Österreich gibt es Matura mit Lehre. Das sind wichtige Angebote, die vermehrt ausgebaut werden sollten.

Wir sollten den jungen Menschen neben einer guten Bildung, egal ob akademisch oder beruflich, jedoch auch mögliche zeitgemäße Berufsbilder vermitteln. Viele Burschen wollen Automechaniker werden. Die Frage ist, was sie sich unter diesem Beruf vorstellen. Glauben sie, dass sie, wenn sie einmal in einer Werkstatt arbeiten, mit den Porsches und Lamborghinis, die zur Reparatur gebracht werden, herumfahren können? Ist ihnen bewusst, dass sie in ihrer Berufstätigkeit vor allem hohe technische Kenntnisse und Computerkenntnisse benötigen werden, weil Autos schon sehr viele elektronische Steuerelemente enthalten?

Diese Überlegungen zu Berufsbildern sollten analog auch für akademische Studien angestellt werden. Auch wer Romanistik, Geographie, Philosophie usw. studiert, sollte sich Gedanken über seine spätere Berufstätigkeit machen und entsprechende Berufsbilder entwickeln, Pläne dafür machen, um spätere Frustrationen zu vermeiden.

Berufsbildung fit machen für eine globalisierte Welt

Was in der dualen Ausbildung (Lehre und Berufsschule) wichtig ist, um die AbsolventInnen auch für eine globalisierte Welt vorzubereiten, darüber herrscht ziemliche Einigkeit. Auf der einen Seite braucht es standardisierte Ausbildungsgänge. Die Forschung im Berufsbildungsbereich zeigt, dass eine hohe Standardisierung der Curricula mit klar definierten Zielen und darauf abgestimmten Lehrplänen, die auch in der Umsetzung entsprechend eingehalten werden, zu einer höheren Qualifikation der AbsolventInnen führt.

Gleichzeitig muss man auch weggehen von einer zu starken Spezialisierung. Die Wahrscheinlichkeit ist sehr gering, dass jemand, egal ob er oder sie einen akademischen oder nicht-akademischen Bildungsweg genommen hat, sein oder ihr Leben lang im selben Beruf, möglicherweise sogar im selben Betrieb arbeiten wird. Wenn die Ausbildungen zu stark spezialisiert sind, sind Umorientierungen und Umschulungen sehr aufwändig. Es sollten daher in der Berufsbildung mehr Überblickswissen und auch Allgemeinbildung inklusive der Kompetenzen zum Lebenslangen Lernen vermittelt werden. Damit hat man dann leichter Anschlussmöglichkeiten an andere Berufe oder Weiterbildungen.

Schließlich brauchen wir in Zukunft eine höhere Durchlässigkeit im Bildungssystem, die durch gezielte Angebote und Modelle aktiv gefördert wird. Es sollte selbstverständlich sein, an eine Lehre ein Studium an einer Fachhochschule oder an einer Universität oder einen Hochschullehrgang anzuschließen. Ebenso sollte es selbstverständlich sein, ein Studium mit einer Lehre zu verbinden oder diese danach zu absolvieren. So könnte man z.b. ein Studium der Betriebswirtschaft mit einer Lehre in der Forstwirtschaft verbinden und einen einschlägigen Betrieb gründen.

Ein letztes wichtiges Thema im Bereich Berufsbildung sind die Lehrabbrüche. Oft weiß man gar nicht, was mit diesen Menschen danach am Arbeitsmarkt passiert. Hier ist es sehr wichtig, dass präventive Instrumente entwickelt werden. Wie kann man das auffangen? Wie kann man erkennen, welche Jugendlichen gefährdet sind? War die Vorstellung vom Beruf falsch? Hier ist ein Investment notwendig, um individuelles Scheitern zu verhindern und gleichzeitig den Arbeitsmarkt zu stützen.

Hochschulzugänge gestalten

Wenn man sich mit dem Thema Akademisierung beschäftigt, muss man sich den Zugang zu Hochschulstudien ansehen. Dieser ist in der Mehrzahl der Länder geregelt. Diese Regelung erfolgt einerseits über die Ausbildungsplätze, die sich nach der Zahl der Lehrenden, insbesondere der ProfessorInnen richten, andererseits über Verfahren, in denen die Studieneignung und die Leistungen der BewerberInnen geprüft werden. In Deutschland wird der Zugang über den Numerus Clausus geregelt.

In Österreich ist die Situation sehr uneinheitlich. Für manche Studien gibt es fixe Platzbeschränkungen und entsprechende Aufnahmeverfahren. Beispiele dafür sind Medizin oder Psychologie. Bei anderen Studienrichtungen werden nur diejenigen aufgenommen, die als geeignet bewertet werden. Dies betrifft z.B. die Studien an den Kunstuniversitäten oder auch das Sportstudium. Bei sehr vielen Studienrichtungen besteht jedoch in Österreich ein freier Hochschulzugang, d.h. jeder/jede, der/die die Matura oder eine andere Studienberechtigung hat, kann diese Studien inskribieren. Das führt dazu, dass in manchen Studienrichtungen Hörsäle, Laborplätze und Seminare restlos überfüllt sind und manche ProfessorInnen 80 Abschlussarbeiten oder mehr gleichzeitig betreuen. Bei der Berufsbildung ist das natürlich nicht möglich. Dort ist man auf freie Lehrstellen (oder Plätze in Lehrwerkstätten) und die Zustimmung des Ausbildners/der Ausbildnerin angewiesen.

Bei der Gestaltung des Hochschulzugangs geht es jedoch nicht nur um die quantitative Regelung von Studierendenströmen, respektive die Entscheidung, sie nicht zu regeln. Vielmehr sollten Studierende möglichst schon vor dem Beginn des Studiums wissen, worauf sie sich einlassen, d.h. ob das Studium zu ihren Interessen und Fähigkeiten passt. Gute Aufnahme- oder Eignungsverfahren versuchen genau das zu erreichen. Zur Vorbereitung werden den Studieninteressierten Lernunterlagen zur Verfügung gestellt, die einen Einblick in die Inhalte und Anforderungen des Studiums geben. Auch die darauf folgende Prüfung sollte typische Anforderungen im Studium widerspiegeln. Beides – Lernunterlagen und Prüfung – sollten auf Basis eines Anforderungsprofils für StudienanfängerInnen erstellt werden, d.h. was soll jemand mitbringen, damit er mit hoher Wahrscheinlichkeit das Studium positiv abschließen kann.[16]

---

16 Viele Detailinformationen dazu finden sich in dem von Christoph Badelt, Wolfgang Wegscheider und Heribert Wulz 2007 im Grazer Universitätsverlag herausgegebenen Buch *Hochschulzugang in Österreich*, darunter auch ein Beitrag über Aufnahmeverfahren von Margarete Litzenberger, Daniella Haiden und mir.

In den vergangenen Jahren wurde an Österreichs Universitäten per Gesetz die sogenannte StEOP (Studieneingangs- und Orientierungsphase) in allen Studienrichtungen, die keine spezifische Eingangsprüfung haben, eingeführt. Sie soll den Studierenden ermöglichen, die Passung zum Studium auszuloten. Ohne positiven Abschluss der StEOP ist das Weiterstudieren nicht möglich.

Dieses System ist in vieler Hinsicht besser als punktuelle Tests. Denn ein Test ist nur eine Momentaufnahme, die durch verschiedene situative Gegebenheiten beeinflusst sein kann. So kann ich besonders gestresst oder aufgeregt sein, beeinträchtigt durch eine Krankheit, was auch immer. Über einen längeren Zeitraum können Leistungen dagegen wesentlich zuverlässiger bewertet werden.

Es gibt jedoch einige notwendige Voraussetzungen, die eine „gute" StEOP erfüllen muss. Dazu gehört, dass die Auswahl der Lehrveranstaltungen für die StEOP einen guten Einblick in das Studium und seine Anforderungen gibt. Eine weitere wichtige Voraussetzung ist, dass die Studienbedingungen „regulär" sind. Dies wäre z.B. nicht der Fall, wenn wir in der Psychologie in Wien die circa 5000 Studieninteressierten, die sich jedes Jahr für das Psychologiestudium anmelden, auch wirklich aufnehmen müssten. Wir könnten dann keine realen Vorlesungen und Seminare abhalten, da es weder entsprechende Räume noch genügend Lehrende gibt. Daher ist in solchen Fällen, d.h. wenn die Anzahl der Studieninteressierten für das System einfach viel zu hoch ist, eine punktuelle Prüfung sinnvoller. Unter irregulären Bedingungen wäre es auch nicht möglich, die Prüfungen und Leistungsanforderungen so zu gestalten, dass sie auch wirklich erlauben, Wissen, Fähigkeiten und Kompetenzen differenziert zu bewerten, was in einer guten StEOP möglich sein sollte.

Der Numerus Clausus – ein Modell für Österreich?

In Deutschland erfolgt der Zugang zur Hochschulbildung in den Fächern, in denen die Anzahl der StudienbewerberInnen die Anzahl der Studienplätze übersteigt, über den sogenannten Numerus Clausus, d.h. basierend auf dem Durchschnittswert in den Noten der letzten Schuljahre. Die Regelung ist einfach: Je beliebter ein Fach ist, d.h. je mehr BewerberInnen es gibt, desto besser muss der Notendurchschnitt sein, um einen Studienplatz zu bekommen. Es gibt einige Fächer, wie z.B. Medizin oder Psychologie, die in Deutschland so beliebt sind, dass man einen Notendurchschnitt von 1,5 und weniger haben muss, um sie studieren zu können. Wenn man nicht so gute Noten hat, kann man das dadurch kompensieren, dass man z.B. in der Zwischenzeit arbeitet, Sozialdienst leistet usw.

Bei uns wird immer wieder diskutiert, ob der deutsche Numerus Clausus auch ein Modell für Österreich wäre. Noch dazu, wo ja sehr viele sogenannte „Numerus Clausus-Flüchtlinge" aus Deutschland nach Österreich studieren kommen und kritisiert wird, dass sie hier einheimischen MaturantInnen Studienplätze wegnehmen.

Die erste Frage, die man sich dabei stellen muss, lautet: Kann durch den Numerus Clausus der Studienerfolg wirklich vorhergesagt werden? D.h. haben Studierende, die gute Schulnoten hatten, auch bessere Leistungen im Studium bzw. schließen sie das Studium schneller ab? Die Studien dazu zeigen übereinstimmend, dass Schulnoten tatsächlich sehr gute Prädiktoren für spätere Leistungen sind. Wenn ich z.B. Medizin oder Psychologie studieren will – die beliebtesten Fächer in Deutschland – dann muss ich mich in der Schule auch bei Fächern anstrengen, die mich vielleicht nicht so interessieren. Es zählt auch nicht, dass ich es cooler fände, nichts zu lernen, denn sonst kann ich mein Lieblingsstudium nicht machen oder erst später damit beginnen. Daher ist der Notendurchschnitt eine gute Vorhersage für den Studienerfolg, weil er eine Kombination aus intellektuellen Fähigkeiten, Realitätssinn und Einsatzbereitschaft darstellt. Ein sehr wichtiger Aspekt ist dabei jedoch, dass die deutschen SchülerInnen schon ihre ganze Schulzeit hindurch gewusst haben, dass ihre Noten relevant sind für ihr Studium.

In Österreich plötzlich den Numerus Clausus einzuführen, wäre sehr problematisch, zumindest für die ersten Jahrgänge. Denn in Österreich ist es in einem gewissen Alter für Burschen cool, nichts zu lernen; als Streber riskiert man, verspottet zu werden. Deshalb sind in Österreich schlechte Noten, vor allem bei Buben, kein gutes Barometer für Leistungen in einem Studium. D.h. der Numerus Clausus kann nur dann funktionieren, wenn man von Anfang an weiß, dass die Noten zählen.

Eine weitere wichtige Voraussetzung dafür, dass der Numerus Clausus fair funktioniert, ist die Notenvergabe auf Basis standardisierter Tests. Denn nicht nur PISA zeigt, dass die Noten, die LehrerInnen vergeben, bei gleichen Leistungen durchaus sehr unterschiedlich sind. Das hat auch mit unserem Schulunterrichtsgesetz zu tun, wonach Arbeitshaltung, Fleiß, Mitarbeit und viele andere Dinge in die Bewertung einbezogen werden, ohne klare Regeln und Vorgaben, wie das geschehen soll. Außerdem bewerten LehrerInnen die Leistungen Einzelner häufig im Vergleich mit dem Niveau der Klasse und nicht absolut über Klassen hinweg.

Den Zugang zu einem Studium über die Schulnoten zu regeln hat jedoch ein grundsätzliches Problem: Dieses Konzept geht davon aus, dass SchülerInnen bereits lange vor Studienbeginn sehr rational vorgehen und planen. Gerade in der Pubertät sind jedoch viele Jugendliche sehr stark mit sich selbst beschäftigt und Lernen für die Schule steht nicht im Zentrum ihrer Interessen. Oft ist auch die Schule nicht attraktiv für sie. Die Entscheidung, was man nach der Schule machen will, der Wunsch, ich will z.B. Arzt oder Ärztin werden, kommt oft erst sehr oder – mit Blick auf den Numerus Clausus – zu spät.

Conclusio

Wir brauchen in Österreich sowohl mehr gut ausgebildete AkademikerInnen als auch eine höhere Anzahl gut ausgebildeter AbsolventInnen einer beruflichen Bildung. Akademisierung allein löst jedoch nicht alle Probleme, weder für den Einzelnen/die Einzelne, noch für das Wirtschaftssystem. Vielmehr sollte eine gute Balance zwischen akademischer Bildung und Berufsbildung angestrebt werden, verbunden mit einer hohen Wertschätzung und Durchlässigkeit für beides. Gleichzeitig sollten wir jedoch hohe Anstrengungen unternehmen, um die Zahl der Personen ohne Ausbildung zu senken.

2.6 „Neue Medien führen mit wenig Aufwand zum Lernerfolg"

In den letzten Jahrzehnten werden Computer und Internet für den Unterricht, eLearning, Blended Learning, elektronische Schulbücher und vieles mehr stark propagiert und diskutiert. Die ersten Einsätze von eLearning an Hochschulen waren von der Euphorie getragen, eine Entlastung der Lehrenden und damit auch Geldeinsparungen zu ermöglichen, da ja auf einfachem Weg sehr viele Studierende erreicht werden können.

In der Schule, speziell bei Eltern, verbreitete sich die Idee, dass durch den Einsatz Neuer Medien die Lernleistungen der Kinder verbessert werden könnten. Eine Maßnahme, eLearning und Neue Medien in die Schule zu bringen, die vom Unterrichtsministerium bereits 2000 als Schulversuch gestartet wurde, war die Einführung sogenannter Notebook-Klassen. In diesen Klassen hat jeder Schüler/jede Schülerin einen Laptop und arbeitet mit diesem statt mit Papier-Buch und Papier-Heft. Nicht wenige Eltern gaben ihre Kinder in so eine Notebook-Klasse mit der Annahme, dass das Kind dann bessere Noten haben wird.

Leider wurden beide Hoffnungen nicht erfüllt. Weder gelang es den Hochschulen, durch Online-Lehrveranstaltungen viel Geld zu sparen, noch besserten sich die Schulleistungen automatisch durch die Verwendung eines Notebooks. An einem Beispiel aus der Schule (Notebook-Klassen) und einem aus der Hochschule (Umstellung einer Massenvorlesung auf eLearning), in die ich beide selbst involviert war, möchte ich illustrieren, warum dies so ist.

Beispiel Notebook-Klassen

Zwei Jahre nach Einführung der Notebook-Klassen wurde ich gebeten, diese zu evaluieren, was ich[17] gemeinsam mit meiner Kollegin Vera Popper gemacht habe. Die erste Frage, die wir bei einer Evaluation immer stellen, ist nach

---

17 Die Ergebnisse dieser Evaluation haben Vera Popper und ich in der *Zeitschrift für Evaluation* publiziert.

den Zielen der Maßnahme – in diesem Fall die Ziele für den Einsatz der Notebooks. Bei der Evaluation wird geprüft, ob die gesetzten Ziele erreicht wurden. Das erste Problem war, dass die Notebook-Klassen damals ohne klare Ziele eingeführt worden waren. Es wurde nicht vorher überlegt, was SchülerInnen und LehrerInnen genau damit machen und welche konkreten Effekte die Notebooks auf SchülerInnen und den Unterricht haben sollten. Hauptintention war, dass der Unterricht in allen Fächern damit durchgeführt wird, fächerübergreifende Erfolgsziele wurden jedoch nicht festgelegt. Man ging einfach davon aus, dass Unterricht und Lernen „besser" würden, wenn die SchülerInnen Laptops haben. Ehrenhalber ist allerdings anzumerken, dass es sehr viele Maßnahmen gibt, die ohne klare Ziele starten, und wo Evaluationen erst nachträglich durchgeführt werden. Die Tatsache, dass eine externe Evaluation beauftragt wurde, die sich mit den Effekten der Maßnahme beschäftigt, ist grundsätzlich positiv zu bewerten.

Wir haben daher im ersten Schritt gemeinsam mit LehrerInnen, die an diesem Schulversuch teilnahmen, erarbeitet, welche positiven Effekte der Notebookeinsatz auf SchülerInnen haben könnte. Die LehrerInnen wurden systematisch nach Unterrichtsfach, Schultyp etc. ausgewählt. Gleichzeitig haben wir mit ihnen erarbeitet, welche Probleme durch den Notebookunterricht auftreten könnten. Die LehrerInnen haben z.B. erwartet, dass die SchülerInnen durch die Verwendung der Laptops und damit auch der Neuen Medien im Informationsmanagement besser sind, und dass sie besser im Team arbeiten können, weil sie einander wechselseitig unterstützen müssen. Sie haben auch angenommen, dass die NotebookschülerInnen lieber in die Schule gehen. Gleichzeitig gab es aber auch eine Reihe von Befürchtungen wie: Sie können sich schlechter konzentrieren. Sie haben schlechtere Noten, weil sie viel mehr am Computer spielen oder den Laptop für andere Dinge verwenden. Letztere Annahme stand ganz im Gegensatz zu den Erwartungen und Wünschen der Eltern an den Notebookunterricht, die ja auf bessere Noten hofften.

Zur Prüfung der erwarteten positiven Effekte und der befürchteten Nebenwirkungen haben wir innovative Erhebungsinstrumente entwickelt (siehe das Beispiel in Kapitel 2.4) und Daten in Notebook-Klassen und Vergleichsklassen (gleiche Schultypen, gleiches Einzugsgebiet etc.) erhoben. Die Analysen zeigten, dass die SchülerInnen der Notebook-Klassen wirklich besser in der Lage sind, Informationen zu verarbeiten, besser im Team arbeiten, sich kompetenter im Lösen von Aufgaben fühlen und sich besser selbst organisieren können. Entgegen den Erwartungen der LehrerInnen sind die Notebook-SchülerInnen aber nicht lieber in die Schule gegangen. Die Befürchtungen haben sich ebenfalls nicht bestätigt, d.h. es gab in Bezug auf Konzentration keinen Unterschied zu den Vergleichsklassen und die Schulnoten hatten sich im Vergleich zu dem Jahr davor auch nicht verschlechtert, aber auch nicht verbessert.

Wir haben also sehr wohl positive Effekte festgestellt, aber nicht bei allen Klassen. Wir haben daher im nächsten Schritt der Evaluation analysiert, was Klassen auszeichnet, die sehr erfolgreich Notebooks einsetzen, im Vergleich zu Klassen, die dies nicht erfolgreich tun. Der zentrale Unterschied war, dass in den Klassen, in denen die Leistungen der SchülerInnen sehr gut waren, sowohl die LehrerInnen selbst als auch die SchülerInnen den neuen Unterricht mit den Laptops und die Umstellung darauf viel reflektierter bewertet haben. Sie hatten erkannt, wie schwierig und welche Herausforderung es für beide Seiten war. Die LehrerInnen sagten z.B., dass sie mehr Weiterbildung im Vorfeld benötigt hätten; die SchülerInnen wieder erkannten, wie schwer es für die LehrerInnen war, und versuchten, diese zu unterstützen.

In den nicht erfolgreichen Notebook-Klassen bemerkten dagegen weder die LehrerInnen noch die SchülerInnen Veränderungen zum Unterricht davor ohne Laptops. Sofern im Zuge der Einführung und des Unterrichts Probleme auftraten, delegierten sie die Schuld dafür immer nach außen – ganz im Gegensatz zu den erfolgreichen Klassen. Das Ministerium ist schuld, weil es die Notebooks nicht gut organisiert hat, die Notebooks sind schuld, weil sie nicht gut funktionieren, usw.

Interessant war auch, dass die Wahrnehmung dieses Notebookeinsatzes bei den SchülerInnen extrem unterschiedlich war. Sehr gut wird das durch die Idee eines Klassenvorstands in einer Notebook-Klasse illustriert: Er ließ die SchülerInnen Briefe an das Notebook schreiben. Diese Briefe zeigen, dass man nicht gleiche Effekte einer Maßnahme für alle erwarten kann. Und auch, dass ein Computer sehr stark emotional besetzt sein kann. Hier zwei sehr gegensätzliche Beispiele:

Mein liebster Laptop,
ich liebe dich über alles. Ich wüsste gar nicht, wie ich ohne dich auskommen könnte. Wenn du wüsstest, wie sehr ich dich eigentlich brauche! Du bist so wunderschön, so einzigartig. Dein scharfes Display fasziniert mich jedes Mal, wenn ich dich einschalte. Du bist immer für mich da, hast immer die richtige Antwort. Andererseits bist du so romantisch und sinnlich. Du

spielst immer die Musik ab, die ich mir gerade wünsche. Du bist immer an meiner Seite, treu und mobil. Es ist angenehm, mit dir zu arbeiten. Daher nehme ich dich, wohin ich auch gehe, mit, denn ohne dich wäre mein Leben unerfüllt. Dort, wo ich dich brauche, bist du arbeitsfähig, und es ist auf dich Verlass. Vor allem im Unterricht unterstützt du mich so gut du kannst. Laptop, du vereinfachst mir mein Leben sehr. Ich liebe dich. Für immer dein.

Kriegserklärung an meinen Laptop.
Mit der Zeit gehst du mir wirklich auf die Nerven. Erstens bist du urschwer, dass ich manchmal denke, mir fällt die Hand ab oder ich bekomme eine schiefe Wirbelsäule wegen dir. Zweitens bist du schlecht für die Kommunikation in der Klasse. Niemand redet mit den anderen. Alle spielen nur in den Pausen. Sogar, wenn ich Probleme habe, hört mir niemand zu. Es ist einfach zum Verzweifeln. Manchmal denke ich, ich sollte dich aus dem Fenster werfen. Aber meine Eltern würden mir das nie verzeihen. Du hast ja sehr viel Geld gekostet. Bei mir war es nur am Anfang Liebe zu dir, aber bei einigen in der Klasse ist diese Liebe noch da. Bei mir aber nur noch der Hass. Deshalb schreibe ich diese Kriegserklärung auch nicht in dich hinein. Du könntest nämlich abstürzen, und alles, was ich bis jetzt geschrieben habe, würde verloren gehen. Das ist auch ein Grund, warum ich dich so hasse. Natürlich hast du auch gute Seiten, aber die schlechten überwiegen. Z.B. ist es ganz praktisch, dass du in meinem Zimmer stehst und ich mit dir arbeiten kann, wann ich will, aber es ist wirklich eine Platzverschwendung.

Ich kann kein Heft neben dich legen, weil ich keinen Platz habe. Für mein Lernen bist du auch nicht gut, denn ich lerne viel besser, wenn ich etwas mit der Hand schreibe. Du aber wirst mich nicht aufhalten, weiterhin meine Hausübungen mit der Hand zu schreiben, obwohl ich dann wohl oder übel mehr Fehler mache. Außerdem bist du auch schlecht für die Augen. Ich jedenfalls kriege oft rote Augen, wenn ich zu lange vor deinem blöden Bildschirm sitze. Ich glaube, wenn meine Eltern nicht so vernarrt in Computer wären, hätte ich nie beschlossen, in eine Laptopklasse zu gehen, obwohl alle meine Freunde hingehen. Aber jetzt sitze ich da und rege mich über dich auf, obwohl ich ja zum Teil selber schuld daran bin, dass ich dich besitze. Vielleicht habe ich mich zu sehr von meinen Mitschülern beeinflussen lassen, aber wer weiß wie es ohne dich sein würde. Eins ist sicher: es wäre anders.

Diese Briefe der SchülerInnen illustrieren sehr gut, dass der Einsatz von Notebooks, respektive von Neuen Medien, sehr viele Facetten hat; auf der einen Seite der praktische Nutzen, auf der anderen Seite die Probleme mit der Kommunikation und der Technik. In der Euphorie der Einführung von etwas Neuem besteht die Gefahr, dass man diese Vielfalt vergisst und nur einen bestimmten Fokus im Blick hat.

Beispiel VEL – eLearning in einem Massenfach

Wir waren, wie ich glaube, die Ersten, zumindest an der Universität Wien, die eine Massenvorlesung auf eLearning umgestellt haben. Es war eine Vorlesung, die alle Studierenden der Psychologie mit Prüfung absolvieren mussten, und Psychologie war und ist ein beliebtes Studienfach, d.h. die

Anzahl der TeilnehmerInnen war sehr hoch. Das Thema der Vorlesung war „Forschungsmethoden und Evaluation", wofür sich die Studierenden, die primär etwas über klinische Psychologie, Schul-, Entwicklungs- und Wirtschaftspsychologie hören wollen, nur mäßig interessierten. Auch die Prüfungsleistungen waren zumeist nicht so gut. Mit der Umstellung wollten wir sie wegbringen vom Sitzen im Hörsaal und sich berieseln lassen, zu mehr Aktivität, die auch bessere Leistungen nach sich ziehen sollte. Wir haben deshalb pro Woche ein Stoffgebiet festgelegt und die Literatur dazu sowie Arbeitsaufträge auf eine Plattform ins Internet gestellt. Die Studierenden sollten diese Aufgaben in Kleingruppen bearbeiten und die Ergebnisse auf die Plattform stellen. Wir haben dann, ebenfalls jede Woche, nach Durchsicht der Arbeiten der Studierendengruppen eine Gesamtrückmeldung an alle geschrieben, bei der wir auf häufige Probleme und wie man diese lösen kann, eingegangen sind.

Das war für uns, aber auch für die Studierenden eine gewaltige Herausforderung. Viele Dinge, die wir bei den Studierenden als selbstverständlich vorausgesetzt hatten, haben nicht funktioniert. Dazu zählte z.B., wie man in Gruppen ein Problem löst oder an einem Thema arbeitet. Oder wie man bei einer Rückmeldung, die nicht direkt an einen selbst gerichtet ist, sondern an alle TeilnehmerInnen, erkennt, was davon sich auf die eigene Leistung bezieht. Auch die grundsätzliche Umstellung von einer realen Vorlesung, auch wenn man sie nicht immer besucht hat, auf eine virtuelle, ist der Mehrheit der Studierenden sehr schwer gefallen.

Kurzum, wir haben festgestellt, dass wir, wenn wir wollen, dass es funktioniert, die Studierenden auf eLearning vorbereiten und sie dabei begleiten müssen. Wir haben uns daher entschieden, in einem Team eine Lehr-Lernumgebung zu entwickeln, die nicht nur dieses eLearning-Angebot bietet, sondern gleichzeitig die Kompetenzen, die man für dessen Nutzung braucht, systematisch aufbaut. Dazu haben wir das VEL-Programm (Vienna eLecturing) entwickelt.[18] Zusätzlich zum Fachwissen, das vermittelt werden sollte, haben wir auch selbstreguliertes Lernen, kooperatives Arbeiten und Lernen in Teams systematisch gefördert. Außerdem haben die Studierenden den Umgang mit der eLearning-Plattform gelernt.

Nachdem es damals kaum einschlägige Modelle und Literatur dazu gab, war die Umsetzung unserer Intention eine sehr große Herausforderung für unser Team. Wir haben dafür ein sogenanntes blended learning-Konzept entwickelt, d.h. eine Kombination von online-Modulen mit Live-Einheiten. In einem Teil dieser Live-Einheiten wurden die Studierenden in Kleingruppen in Zeitmanagement und Teamarbeit eingeführt und es wurden ihnen verschiedene Lernstrategien vermittelt. In anderen Einheiten wurden die theoretischen Grundlagen anhand von Beispielen erläutert. Weiters haben wir den Studierenden in mehreren Schritten vermittelt, wie man Feedback gezielt zur Leistungssteigerung nutzen kann. Zuerst hat jede Arbeitsgruppe individuelles Feedback in einem direkten Gespräch erhalten, später haben wir ihnen online-Feedback auf der Plattform gegeben, und schließlich sollten die Gruppen einander wechselseitig Peer-Feedback geben. Für den Aufbau des

---

18 Das Team bestand aus Barbara Schober, Petra Wagner, Moira Atria, Ralph Reimann, Petra Gradinger und mir. Das Konzept und die theoretischen Grundlagen haben wir u.a. 2006 im Journal *Methodology* und die Effekte des VEL-Programms 2010 in der *Zeitschrift für Pädagogische Psychologie* publiziert.

VEL-Programms haben wir sehr viele theoretische Grundlagen aus der Lehr-Lernforschung verwendet.

Das VEL-Programm war sehr erfolgreich. Die teilnehmenden Studierenden hatten höheres Wissen in den Inhalten der Vorlesung als eine Vergleichsgruppe, sie verbesserten sich in ihren Fähigkeiten, selbstreguliert zu lernen, sie konnten besser in Teams arbeiten und sie erwarben natürlich auch neue Kenntnisse im Umgang mit elektronischen Medien. Aber: Der Aufwand war für uns auch als Team um ein Vielfaches größer, als wenn ich klassisch eine Vorlesung im Hörsaal gehalten hätte, und auch für die Studierenden war es eine Herausforderung. Sie mussten regelmäßig Aufgaben durchführen und jede zweite Woche eine Leistung erbringen, die noch dazu durchaus herausfordernd war. Die Studierenden haben sehr davon profitiert, aber es hat gezeigt, dass ein gut gemachtes und erfolgreiches eLearning-Angebot sehr viel Arbeit und Zeit kostet und auch entsprechender lernpsychologischer und didaktischer Kenntnisse bedarf. Und unsere Erfahrungen sind kein Einzelfall, sondern quasi die Regel.

Vorteile des eLearning

Unsere eigenen Erfahrungen, aber auch die vieler Kolleginnen und Kollegen haben gezeigt, dass eLearning zweifellos viele Vorteile hat im Vergleich mit traditionellem Lernen, aber manche frühen Erwartungen überzogen waren. Ebenfalls sichtbar wurde, dass die Vorteile und Potentiale nur dann wirksam werden, wenn eine Reihe von Voraussetzungen erfüllt ist.

Ein zentraler Vorteil von eLearning ist zweifellos, dass es räumlich und zeitlich unabhängig ist. Das ist heute für sehr viele Bereiche notwendig, nicht nur beim Lehren und

Lernen in der Schule und Hochschule, sondern auch in der Erwachsenenbildung. Das Lernen ist auch viel ökonomischer, denn ich kann sehr viele Personen potentiell erreichen. Ich kann das Lernen in Arbeitsprozesse integrieren, z.B. in der beruflichen Bildung. Unter Verwendung digitaler Medien kann man räumlich und zeitlich unabhängig zusammenarbeiten und Diskussionen führen, die nicht gleichzeitig stattfinden. Man kann Inhalte, die sehr abstrakt sind, optisch leicht nachvollziehbar veranschaulichen, z.B. durch Simulationen, durch animierte Bilder usw. Man kann das Lernen wesentlich besser individualisieren, d.h. auf das einzelne Individuum ausrichten, auf sein Vorwissen, aber auch auf bestimmte Lerntypen. Das ist grundsätzlich auch in einer Klasse mit traditionellem Unterricht möglich, aber sehr herausfordernd. Erstellte Lernobjekte können wiederverwendet werden.

Ein besonderer Vorteil beim Lernen mit SchülerInnen besteht darin, dass durch die Sozialen Medien, die ja von fast allen Jugendlichen genützt werden, Neue Medien bei diesen generell sehr positiv besetzt sind, und das schafft eine bessere Grundhaltung gegenüber dem Lernen. Außerdem fällt ihnen die Nutzung von Neuen Medien und eLearning Angeboten leicht, da sie ja mit digitalen Medien bereits aufgewachsen sind.

Herausforderungen beim Einsatz Neuer Medien

Bei der Umsetzung des eLearning und generell beim Einsatz Neuer Medien stellt sich jedoch auch eine Reihe von Herausforderungen. Die Annahme, dass eLearning Geld spart, hat sich – wie bereits ausgeführt – nicht bestätigt. Denn um es wirklich sinnvoll einsetzen zu können, muss man das eLearning-Angebot technisch, inhaltlich und didaktisch planen und entwickeln. Der Einsatz muss zumeist sowohl didaktisch begleitet werden, z.B. durch TutorInnen, die Rückmeldungen auf Fragen geben und Internet-Diskussionen moderieren, als auch technisch. Häufig werden auch die lernpsychologischen Grundlagen nicht berücksichtigt. Denn wie wir festgestellt haben, bringen die Lernenden oft zu wenige Kenntnisse über Teamarbeit, Zeitmanagement und selbstreguliertes Arbeiten mit. Oft gibt es auch zu wenig Medien- und Methodenkompetenz auf beiden Seiten – sowohl bei den Lernenden, als auch bei den Lehrenden.

Wichtig ist auch, eLearning zu evaluieren, um herauszufinden, was gut funktioniert und wirklich etwas bringt, und wo es Probleme gibt. Denn viele Angebote werden einfach einmal bereitgestellt, aber niemand überprüft dann, wie viel sie genutzt werden. Das zeigt sich z.B. bei den MOOCs (Massive Open Online Courses) die in jüngster Zeit recht gehypt werden. Die Idee dahinter ist, dass man für riesige Hörerzahlen Vorlesungen an einer berühmten Universität in den USA, wie z.B. Harvard oder MIT anbietet, die von Menschen aus aller Welt über das Internet gehört werden können. Analysen haben gezeigt, dass in den ersten Einheiten Tausende Menschen zuschauen, wenn der oder die Vortragende z.B. ein Nobelpreisträger oder eine Nobelpreisträgerin ist. Mit der Zeit gehen die Nutzerquoten aber massiv zurück, und wenn es darum geht, eine Prüfung darüber zu machen, bleibt nur mehr ein ganz geringer Prozentsatz übrig. D.h. es reicht nicht, klassische Vorlesungen zu filmen und ins Netz zu stellen. Man muss auch dafür sorgen, dass die Leute dran bleiben und dann selbstständig eine Prüfung ablegen können. Und da sind wieder Didaktik und Lernpsychologie gefragt. In diese Richtung wird und muss auch die künftige Entwicklung von eLearning Angeboten gehen.

Eine Herausforderung, vor der jeder und jede steht, der/die das Internet für Lernen und Informationsbeschaffung nutzt, ist die Selektion aus dem riesigen Angebot. Das Angebot im Web wird immer größer und es wird damit immer schwieriger, herauszufinden, was genau passt und die Qualität zu beurteilen. Eine Fähigkeit, die wir im Internet-Zeitalter vermutlich viel mehr brauchen als früher, ist das Differenzieren zwischen verschiedenen Informationsquellen hinsichtlich der Glaubwürdigkeit, Aktualität usw.

Der renommierte deutsche Biologe und Hirnforscher Martin Korte von der Universität Braunschweig rät auf Basis seiner Forschungsbefunde auch, dass wir aufpassen müssen, wie viel wir an das Internet und die Medien delegieren. Denn normalerweise bauen wir ja beim Lernen auf unser Vorwissen auf. Wir lernen überhaupt am besten, wenn wir direkt an Vorkenntnisse anschließen. Wenn ich aber mein Vorwissen gar nicht aktiviere, weil ich immer alles im Web nachschaue, dann werde ich gar nicht dazu kommen, dieses Wissen aufzubauen und im Gehirn zu vernetzen. Wenn ich mir beim Auftauchen einer Frage also nicht überlege, ob ich die Antwort aus meinem bestehenden Wissen geben kann, sondern sofort in Google oder Wikipedia danach suche, besteht die Gefahr, dass ich mein Wissen nicht mehr vergrößere und zu wenig übe, das vorhandene Wissen gezielt einzusetzen.

Ein weiterer wichtiger Aspekt bei der Verwendung Neuer Medien ist die „Digital Citizenship". Das bedeutet, inwieweit ich mit diesen Medien so umgehe, dass ich Verhaltensregeln einhalte, also soziale, ethische oder auch rechtliche Aspekte. Das betrifft Themen wie Datenschutz oder Schutz der Privatsphäre. Neue Medien können auch gezielt in Form von Cybermobbing zum Schaden anderer Menschen eingesetzt werden.

Cybermobbing – Missbrauch Neuer Medien

Ein Gewaltphänomen, das in der Schule sehr häufig vorkommt, ist Mobbing (englisch: b*ullying*). Mobbing ist das absichtliche Quälen eines Menschen, und zwar nicht nur einmal, sondern immer wieder. Es kann körperlich erfolgen, verbal durch Beschimpfung oder durch das Verbreiten von Gerüchten. Beim Mobbing besteht auch ein Machtungleichgewicht zwischen Täter und Opfer, d.h. der Täter, die Täterin ist dem Opfer körperlich oder geistig überlegen, oder es sind mehrere TäterInnen involviert. In den letzten Jahren werden zum Mobbing zunehmend Neue Medien eingesetzt. Peinliche Fotos werden ins Internet gestellt, gemeine SMS geschrieben etc. Man spricht daher von Cybermobbing (englisch: cyberbullying).

Was unterscheidet Mobbing mit Neuen Medien von Mobbing im Allgemeinen?

- Es ist für Opfer viel schwerer, sich zu entziehen.
- Es kann ein sehr großes Publikum erreicht werden.
- Es kann von „unsichtbaren" und anonymen TäterInnen ausgeführt werden.
- Die TäterInnen sehen nicht die Reaktionen des Opfers.

Die Studien, die Petra Gradinger, Dagmar Strohmeier und ich zu Cybermobbing in Österreich durchgeführt haben, zeigen u.a., dass Cybermobbing wesentlich seltener vorkommt als das traditionelle Mobbing, und dass CybertäterInnen und Cyberopfer zumeist auch traditionelle TäterInnen und Opfer sind.

Wenn Jugendliche, die nicht direkt in das Mobbing involviert sind, aber Zeugen sind, eingreifen, kann das Mobbing in vielen Fällen gestoppt werden. Das kann man auch in den Sozialen Media tun.

Gegen Cybermobbing vorzugehen, ist sehr wichtig, denn junge Menschen können darunter so leiden, dass sie depressiv werden oder in extremen Fällen sogar Selbstmord begehen.

Unter einer globalisierten gesellschaftlichen Perspektive müssen wir uns auch mit dem Thema „Digital Divide" auseinandersetzen. Es gibt Gruppen von Personen, die technisch und von ihren Kenntnissen und Fähigkeiten her einen guten Zugang zu digitalen Medien haben und die Möglichkeiten sehr gut nutzen können. Es gibt aber auch Personen, die technisch oder von der Nutzung her mit diesen Medien überfordert sind, oder die überhaupt keinen Internetzugang haben, zumindest nicht in der erforderlichen Bandbreite. Damit wird die Kluft zwischen Personen mit und ohne Zugang, zwischen Arm und Reich, zwischen westlichen industrialisierten Ländern und Entwicklungsländern, noch größer.

Conclusio
Zusammenfassend kann man sagen, dass eLearning das Lernen sehr gut unterstützen und zu einer viel größeren Verbreitung von Wissen führen kann. Speziell mit Blick auf Industrie 4.0 und die digitale Revolution sollte daher der Einsatz Neuer Medien deutlich forciert werden. Allerdings sollte dies nicht in ho ruck– Aktionen geschehen, sondern didaktisch und lerntheoretisch gut geplant und fundiert sein. Man muss sich vorher überlegen, wie die Zielgruppe zusammengesetzt ist, welche Voraussetzungen diese bereits hat, wie man sie unterstützen muss, aber auch, wie z.B. eine Schule, an der man so ein Angebot einführen möchte, darauf vorbereitet und (technisch) ausgerüstet ist.

eLearning wird jedoch die traditionellen Bildungsformen nicht gänzlich ersetzen können. Die Schule hat auch Sozialisation als Aufgabe. Wir müssen Menschen auch sehen – und zwar live, wie sie auf das reagieren, was man tut und sagt.

Auflösung des Rätsels vom Anfang des Kapitels:

„Die Koryphäe" ist die Mutter des Schwerverletzten!

3. Bildung und Schule in Österreich

Nachdem wir uns im ersten Buchabschnitt allgemein damit beschäftigt haben, was Bildung ist, wofür wir sie brauchen und wie wir ein ganzes Leben motiviert bleiben können, Neues zu lernen, geht es in diesem Abschnitt um die Bildung, um die Schule in Österreich. Was läuft gut? Was ist erfolgreich im österreichischen Schul- und Bildungssystem? Und was nicht? Warum hat man den Eindruck, dass in Sachen Bildungsreform in Österreich so wenig weitergeht? Wie sieht es in anderen Ländern aus? Und wie geht es eigentlich den LehrerInnen?

3.1 Was läuft gut im Bildungsbereich in Österreich?

In Debatten über Bildung und Schule in Österreich wird – egal ob diese privat oder öffentlich geführt werden – vorwiegend geschimpft und kritisiert. Dadurch entsteht der Eindruck, dass wir nur Baustellen im Bildungssystem haben und nichts weiter geht. Aber ist das wirklich so? Ich möchte daher hier auch einmal auf Positiva im Bildungssystem eingehen. Die Darstellung ist nur exemplarisch und die Auswahl verständlicherweise subjektiv.

Kostenlose Schule
Ich möchte mit einer Stärke der österreichischen Schule beginnen, die für uns so selbstverständlich ist, dass wir

sie gar nicht mehr wahrnehmen. In Österreich ist die Schule kostenlos. Uns erscheint das ganz selbstverständlich, in anderen Ländern der Welt ist das aber nicht so. Damit haben alle Kinder, egal, ob sie aus finanziell gut oder schlecht gestellten Familien kommen, im Prinzip die gleiche Chance auf Bildung. Natürlich gibt es Unterschiede zwischen den Schulen und kosten die Schulutensilien, Wandertage, Ausflüge, Schikurse usw. Geld, und es gibt auch Privatschulen. Aber das primäre Ziel ist, über die öffentliche Hand eine gleichwertige Schulausbildung für alle zu bieten – unabhängig vom Einkommen. Auch wenn diese Bildungschancen in Abhängigkeit von Begabung, Förderung durch die Eltern usw. ohne Zweifel unterschiedlich genutzt werden.

Gutes Berufsbildungssystem

Ein weiteres Positivum des österreichischen Bildungssystems ist der Berufsbildungsbereich. Wie bereits in Kapitel 2.5 ausgeführt, gibt es das duale System, d.h. die parallele Ausbildung in Betrieb und Berufsschule, in dieser differenzierten Form nur in ganz wenigen Ländern. Damit haben Jugendliche in Österreich die Möglichkeit, eine qualifizierte Ausbildung auch außerhalb des akademischen Bereichs zu erhalten. Die sehr erfolgreichen Berufsbildenden Höheren Schulen gibt es in dieser Form nur in Österreich, auch nicht in Deutschland oder der Schweiz, die ebenfalls beide eine stark ausgebaute Berufsbildung haben. Jugendliche, die diesen Schultyp absolvieren, haben nach fünf Jahren sowohl eine abgeschlossene Berufsbildung als auch die Matura und damit die Hochschulreife. Das ist eine Kombination, die es den AbsolventInnen ermöglicht, z.B. zuerst arbeiten zu gehen und ein paar Jahre später ein

Studium zu machen. Und zwar nicht nur, wie in manchen anderen Ländern, ein fachspezifisches Studium passend zur Berufsbildenden Schule, sondern es stehen ihnen alle Möglichkeiten offen.

Es gab in den vergangenen Jahren auch positive neue Entwicklungen im Bildungsbereich. Auf einige davon will ich kurz eingehen.

Aufwertung der Elementarbildung

Die Elementarbildung umfasst den gesamten Bereich institutioneller Erziehung und Bildung vor Schuleintritt. Ein ganz wichtiger Fortschritt war hier, dass mittlerweile allgemein akzeptiert ist, dass die Kinderkrippe und vor allem der Kindergarten ganz wichtige Bildungsinstitutionen sind, in denen es nicht nur um die „Aufbewahrung" der Kinder geht. Denn im Vorschulbereich gilt es nicht nur Talente zu entdecken, Interessen zu wecken und Lernmotivation zu fördern, sondern insbesondere auch darum, Benachteiligungen und Rückstände vor Schuleintritt auszugleichen. Gerade mit Blick darauf wurde in Österreich auch ein verpflichtendes Kindergartenjahr eingeführt, ein zweites ist derzeit im Gespräch. Damit sollen alle Kinder die Möglichkeit bekommen, gut auf die Schule vorbereitet zu werden. Denn wenn ich in die Schule komme, sollte ich schon wissen, wie ich mich in eine Gruppe einfüge, verstehen, wenn die Lehrperson etwas zur ganzen Gruppe sagt, dass ich auch mitgemeint bin. Ich sollte auch ein gewisses Regelverständnis haben, Empathie mit anderen Kindern und vieles mehr. All das sind wichtige Voraussetzungen, dass ein Kind dann in der Schule nicht schon mit diesen Dingen völlig überfordert ist und daher gar nicht mehr den Kopf frei hat, neue Inhalte zu lernen.

Eine weitere neue Einführung im Kindergarten ist die Sprachstandsfeststellung. Sie wurde zwar primär wegen der zunehmenden Zahl an MigrantInnen eingeführt, aber glücklicherweise auf alle Kinder ausgeweitet. Sollte das Sprachverständnis des Kindes nicht ausreichen, einem Unterricht zu folgen und sich aktiv einzubringen, werden entsprechende Fördermaßnahmen gesetzt. Wie die Statistiken zeigen, benötigen auch viele österreichische Kinder diese Unterstützung. Insgesamt sollten diese Maßnahmen im Elementarbereich bewirken, dass alle Kinder besser auf die Schule vorbereitet werden und diejenigen, die Förderung brauchen, diese auch erhalten. Eine entsprechende Evaluation, die dies prüft, steht allerdings noch aus.

Einführung von Bildungsstandards und teilzentraler Matura

Die Bildungsstandards basieren auf den schulischen Lehrplänen und formulieren die Lernergebnisse, die sich aus diesen ableiten lassen. Konkret legen sie jene Kompetenzen fest, die SchülerInnen bis zum Ende der 4. Schulstufe in Deutsch und Mathematik sowie bis zum Ende der 8. Schulstufe in Deutsch, Mathematik und Englisch erworben haben sollen. Die Einführung der Bildungsstandards war das Ergebnis einer langen Diskussion über Leistungsfeststellungen und Leistungsergebnisse in der Schule. Internationale Vergleichsstudien wie PISA hatten sowohl große Unterschiede in den Leistungen der SchülerInnen zwischen Schulen, als auch in der Bewertung durch LehrerInnen aufgezeigt. Intention ist es, mit den Bildungsstandards die Ergebnisorientierung, d.h. was sollen SchülerInnen an zentralen Schnittstellen im Schulsystem können, ins Zentrum zu rücken. Der Vergleich des SOLL-Stands (den

Bildungsstandards) mit dem IST-Stand in der Klasse (das Ergebnis der Standard-Testungen) soll die Basis für Unterrichtsentwicklung sein. Durch die Bildungsstandards soll auch die Kompetenzorientierung im Unterricht unterstützt werden.[19] Parallele Entwicklungen, d.h. eine starke Orientierung an Lernergebnissen und die Einführung standardisierter Erhebungen, gibt es im gesamten deutschen Sprachraum. Der anglo-amerikanische Raum und auch die nordeuropäischen Länder sind schon viel länger an Lernergebnissen orientiert und setzten entsprechend lange standardisierte Tests zur Feststellung von Wissen und Kompetenzen ein.

Kritiker der standardisierten Tests betonen vor allem die Gefahr des „teaching to the test" – man lernt und übt in der Schule nur mehr, was zum Test kommen kann/wird, um dann gut abzuschneiden, und es besteht die Gefahr, dass nur diejenigen Fächer, die auch standardisiert abgeprüft werden, für wichtig gehalten werden. Beide Argumente sind berechtigt. Hier gilt es gezielt dagegen zu steuern – durch Aufklärung, Transparenz, Unterstützung von Schulen, etc.

Ob die intendierte Kompetenz- und Leistungssteigerung bei den SchülerInnen in Österreich erreicht wird, kann man derzeit noch nicht sagen. Wichtig dafür wird es sicherlich sein, wie gut die Schulen bei der Interpretation der Testergebnisse und bei der Ableitung von Maßnahmen für den Unterricht unterstützt werden. In jedem Fall ermöglicht die Analyse der flächendeckenden Daten, neue wissenschaftli-

---

19 Zuständig für die Entwicklung, Implementierung und Begleitung der Bildungsstandards ist das Bundesinstitut für Bildungsforschung, Innovation & Entwicklung des österreichischen Schulwesens, kurz bifie (https://www.bifie.at/bildungsstandards).

che Erkenntnisse über die Schule zu gewinnen und daraus bildungspolitisches Steuerungswissen abzuleiten. Im Zuge der grundsätzlichen Orientierung an Lernergebnissen wurde auch die teilzentrale Matura eingeführt. Auch hier klinkt sich Österreich in internationale Entwicklungen ein, die in vielen anderen Ländern schon wesentlich früher stattgefunden haben. Ziele der „Standardisierten Reife- und Diplomprüfung" sind Transparenz, Vergleichbarkeit, Objektivität und Fairness. Sie wurde in allen AHS (Allgemeinbildenden Höheren Schulen, vereinfacht Gymnasien) im Schuljahr 2014/15 erstmals durchgeführt, mit einigen Diskussionen im Vorfeld.[20] Die Prüfung besteht aus drei Teilbereichen: Einer vorwissenschaftlichen Arbeit an AHS bzw. einer im Team zu erstellenden Diplomarbeit an BHS (Berufsbildenden Höheren Schulen) und deren Präsentation; drei oder vier schriftliche Klausuren, bei denen in Fächern wie Deutsch, Mathematik, Englisch und anderen Fremdsprachen standardisierte Prüfungsaufgaben vorgegeben werden; sowie zwei oder drei mündliche Prüfungen. Somit sind nur die schriftlichen Klausuren standardisiert, d.h. alle SchülerInnen in Österreich bekommen die gleichen Aufgaben, während die anderen Aufgaben wie bisher an den Schulen selbst festgesetzt werden. Damit können individuelle Interessen und Begabungen der SchülerInnen berücksichtigt werden. Auch bei dieser neuen Maturaform müssen wir längerfristige Effekte noch abwarten.

Herausgabe Nationaler Bildungsberichte

In Österreich wurde 2009 erstmals ein Nationaler Bildungsbericht erstellt, der zweite erschien 2012. Generell wurde

---

20 Siehe dazu https://www.bmbf.gv.at/schulen/unterricht/ba/reifepruefung.html

ein 3-Jahreszyklus für die Nationalen Bildungsberichte festgelegt. Die Organisation des Berichtes ist Aufgabe des bifie (Bundesinstitut für Bildungsforschung, Innovation & Entwicklung des österreichischen Schulwesens). Der Nationale Bildungsbericht hat zwei Hauptfunktionen. Einerseits soll durch die Aufarbeitung von Daten und Fakten das Wissen über und das Verständnis für das Bildungssystem erweitert und damit die Bildungspolitik bei ihren Entscheidungen unterstützt werden. Andererseits soll durch den Bericht gegenüber der Öffentlichkeit und dem Gesetzgeber Rechenschaft über den Zustand und die Probleme des Schulwesens gelegt werden, auch als Begründung für bildungspolitische Reformpläne.

Die Berichte bestehen jeweils aus zwei Teilen. Der erste Teil beschreibt das österreichische Schulsystem in möglichst umfassender Weise anhand von Daten und Indikatoren, die sich auf Bildungsstatistik und Bildungsmonitoring stützen. Im zweiten Teil werden zentrale Themenfelder des Schulwesens aufgegriffen, von einschlägigen ExpertInnen analysiert und Empfehlungen für eine qualitätsorientierte Weiterentwicklung diskutiert.

In die Erstellung des Konzepts für die Bildungsberichte bindet das bifie österreichische BildungsforscherInnen ein, die dann auch die Betreuung verschiedener Kapitel übernehmen. Ich selbst war in die Erstellung sämtlicher bisher erschienener Bildungsberichte eingebunden und habe daher auch einen guten Einblick in die Inhalte.

Ich kann nur jedem/jeder empfehlen, einen Blick hineinzuwerfen. Die Bildungsberichte bieten sicherlich das detaillierteste und umfassendste Bild des österreichischen Schulsystems. Sie können kostenlos von der Homepage des bifie heruntergeladen werden (https://www.bifie.at/nbb).

Auch hier gibt es parallele Entwicklungen in Deutschland und der Schweiz. Deren Nationale Bildungsberichte sind allerdings anders aufgebaut als die österreichischen. Meiner Meinung nach ist jedoch in Österreich mit der Zweiteilung in Indikatoren und vertiefende Analysen ein überzeugendes Konzept gelungen. Luxemburg hat für seinen ersten Nationalen Bildungsbericht auch das österreichische Konzept übernommen.

Neue PädagogInnenbildung

Eine weitere grundsätzlich sehr positive Entwicklung im österreichischen Bildungssystem, deren Effekte jedoch erst in mehreren Jahren sichtbar sein werden, gibt es im Bereich der PädagogInnenbildung. Bisher haben die Pädagogischen Hochschulen, früher Pädagogische Akademien, die GrundschullehrerInnen, die SonderschullehrerInnen und die HauptschullehrerInnen (jetzt Neue Mittelschule) ausgebildet. Die Ausbildung dauerte drei Jahre. Die LehrerInnen für die Gymnasien, Handelsakademien, Höhere Technische Lehranstalten usw. studierten dagegen an den Universitäten. Die Ausbildung für Elementarpädagogik erfolgte an den Bildungsanstalten für Kindergartenpädagogik (BAKIP), die eine spezifische Form einer Berufsbildenden Höheren Schule sind. Somit wurden die PädagogInnen, je jünger die Kinder sind, umso kürzer ausgebildet. Eine akademische und auch längere Ausbildung an Universitäten war nur für diejenigen PädagogInnen vorgesehen, die die „leistungsstärkeren" SchülerInnen in AHS und BHS unterrichten.

Die Forschungsergebnisse zeigen jedoch klar, dass gerade im Elementarbereich wissenschaftlich fundierte Förderung und Bildung von hoher Wichtigkeit ist. Die PädagogInnen

143

müssen z.B. erkennen können, wo Kinder Probleme haben und wie man sie fördern kann. Dafür braucht man eine hohe diagnostische Kompetenz. Dies gilt analog für den Unterricht von Kindern, die weniger begabt oder schwächer beim Lernen sind, die wenig Unterstützung von zu Hause erhalten und daher auch häufiger in Hauptschulen respektive Neuen Mittelschulen zu finden sind als in Gymnasien.

Durch das neue PädagogInnengesetz, das 2013 beschlossen wurde, werden alle LehrerInnen auf Masterniveau ausgebildet. Leider wurden die ElementarpädagogInnen nicht einbezogen, was u.a. mit den Zuständigkeiten (Kindergärten sind Länder- bzw. Gemeindeangelegenheit) zu tun hat. Die Forderung, sie einzubeziehen, ist jedoch aufrecht. Für die Primärstufe (die Volksschule) gibt es ab dem Studienjahr 2015/16 und für die Sekundarstufe (Schulstufe 5 bis 8 bzw. bis 9 bei Berufsbildenden Schulen) ab dem Studienjahr 2016/17 keine Differenzierung mehr in der Ausbildung. Die Ausbildung umfasst ein vier Jahre dauerndes Bachelor-Grundstudium und danach ein Masterstudium, das ein oder eineinhalb Jahre dauert. Weiters gibt es nach dem neuen System eine Induktionsphase nach dem Abschluss des Bachelor von mindestens einem Jahr, in der die AbsolventInnen in Schulen in den Unterricht eingeführt werden und begleitende Lehrveranstaltungen in den Ausbildungsinstitutionen besuchen. Die Pädagogischen Hochschulen und die Universitäten haben dazu neue Curricula entwickelt. Für beide Institutionen ist diese Umstellung eine beachtliche Herausforderung, denn eine der zentralen Ideen hinter dieser Reform war es auch, dass diese beiden Institutionen kooperieren, d.h. ihre jeweiligen Stärken einbringen und voneinander lernen sollen.

Entscheidend ist auch, dass neben der fachlichen Ausbildung – z.B. in Englisch, Biologie oder musischer Bildung – der Anteil der pädagogischen und lernpsychologischen Grundlagen in der Ausbildung wesentlich höher ist als zuvor. Damit sollen die LehrerInnen auf die vielfältigen Herausforderungen in der Schule besser vorbereitet werden. Alle LehrerInnen werden mit Fragen der Diversität umgehen müssen, mit Inklusion in der Schule, sie sollen erkennen können, ob ein Kind Probleme mit dem Selbstwert hat oder Probleme hat, sich z.B. in eine Gruppe einzufügen. Zusätzlich soll die neue LehrerInnenbildung auch verstärkt ein Professionsverständnis vermitteln, das beinhaltet, dass LehrerInnen sich als Teil eines Schulteams sehen, dass sie nicht nur für ihren eigenen Unterricht in der Klasse verantwortlich sind, sondern mitverantwortlich für die ganze Schule, und dass auch Weiterbildung und Schulentwicklung für sie selbstverständlich sind.

Da ich selbst als Mitglied des vierköpfigen Entwicklungsrats für die PädagogInnenbildung-Neu aktiv in die Erstellung der gesetzlichen Grundlagen involviert war, habe ich erfahren, wie schwierig es ist, im Bildungsbereich gesetzliche Änderungen zu erreichen. Umso höher ist es zu werten, dass die entsprechenden Gesetze 2013 auch wirklich verabschiedet wurden. Die Umsetzung wird noch ein gewaltiger Kraftakt sein (siehe auch Kapitel 3.3). Aber er lohnt sich. Denn auf die LehrerInnen kommt es an.

Zweifellos hat es noch eine Reihe weiterer positiver Entwicklungen im Bildungsbereich in den vergangenen Jahren gegeben, wie z.B. den Ausbau der Ganztagsschulen oder der Kinderkrippenplätze. Ich habe jedoch bewusst solche Beispiele ausgewählt, die flächendeckend sind, d.h. Effekte für alle Kinder und Jugendlichen haben. Allerdings ist einschränkend festzuhalten, dass es bei diesen neuen Entwicklungen noch einiges zu tun gibt. Dazu gehört z.B., dass bei den standardisierten Erhebungen keine Mindeststandards festgelegt wurden, d.h. was Kinder und Jugendliche am Ende der 4. Schulstufe, Jugendliche am Ende der 8. Schulstufe sowie bei der Matura wissen, vermögen und können sollten. Die Befunde aus den Nationalen Bildungsberichten haben auch nur wenig Eingang in Entscheidungen der Bildungspolitik gefunden. Zusätzlich muss sich die neue PädagogInnenbildung erst in der Umsetzung bewähren, wobei noch eine Reihe von Hürden zu bewältigen sind.

3.2 Wo gibt es Probleme im Schulsystem?

Zweifellos haben wir im österreichischen Schulsystem auch viele durchaus gravierende Problemfelder, die immer wieder in der Öffentlichkeit diskutiert werden. In den vergangenen Jahren sind auch diverse Bildungsinitiativen entstanden, die immer wieder auf die Probleme im Schul- und Bildungssystem verweisen, auf ihre Beseitigung drängen und konkrete Maßnahmen dazu vorschlagen. Es gab auch ein Bildungsvolksbegehren. Wo diese Probleme liegen, darüber herrscht in Wissenschaft und Öffentlichkeit relativ hohe Einigkeit, auch darüber, dass ihre Beseitigung zu langsam vor sich geht. Auf einige dieser Problembereiche gehe ich im Folgenden ein. Ich habe dabei solche Probleme ausgewählt, die die SchülerInnen direkt betreffen. Den LehrerInnen ist ein eigenes Kapitel im Anschluss gewidmet.

Die Freude am Lernen und das Selbstvertrauen, es zu schaffen, nehmen über die Schulzeit ab

Wir haben in Kapitel 1 schon ausführlich darüber gesprochen, wie wichtig es für das spätere Leben ist, dass Kinder und Jugendliche neugierig sind und offen für Neues, gerne lernen und in der Lage sind, dies auch selbstorganisiert zu tun. Unsere eigenen Studien zeigen jedoch, dass das Interesse österreichischer SchülerInnen am Lernen in der Schule und ihre Lernzielorientierung über die Schulzeit hinweg abnehmen. Während Kleinkinder und Volksschulkinder noch ein sehr großes Interesse am Lernen haben und auch das Vertrauen, dies selbstständig tun zu können, schätzen Jugendliche ihre Kompetenzen, selbstorganisiert zu lernen, selbstverantwortlich zu arbeiten, mit zunehmender Verweildauer in der Schule immer niedriger ein. Auch die LehrerInnen trauen sich nur in geringem Maße zu, ihren SchülerInnen diese Kompetenzen vermitteln zu können.

Gleichzeitig investieren viele SchülerInnen in Österreich, auch das wissen wir aus eigenen Studien, sehr viel Zeit zu Hause in das Lernen für die Schule, für Hausaufgaben, Prüfungsvorbereitungen usw. Dieses hohe Investment ist bei einem beträchtlichen Teil der SchülerInnen nicht das Resultat von Lernfreude, sondern vielmehr durch Prüfungsangst und ein niedriges Vertrauen in die eigenen Fähigkeiten bedingt. Viele SchülerInnen unterschätzen auch ihr Leistungspotential und glauben bereits nach wenigen Schuljahren, dass ihre Fähigkeiten stabil sind. D.h. sie glauben nicht mehr, dass sie sich in einem Fach oder generell in der Schule verbessern können. Aus der Motivationspsychologie wissen wir, dass dies fatale Konsequenzen auf das Engagement beim Lernen, auf das Verhalten in Prüfungssituationen und auf die Bewältigung von Misserfolgen hat. Eine Abwärtsspirale entsteht.

Zu viele Kinder können nicht sinnverstehend lesen

Die mäßigen Ergebnisse von Österreich in schulvergleichenden Studien wie z.b. PISA (Programme for International Student Assessment, Schulstudien der OECD) ist sicherlich z.T. eine Folge dieses Rückgangs an Selbstvertrauen und abnehmender Lernmotivation. Österreich schneidet hier eher mittelmäßig bis schlecht ab, speziell wenn man berücksichtigt, dass Österreich zu den reichsten Ländern der Welt gehört. Insbesondere die schlechten Leistungen im sinnverstehenden Lesen sind hoch problematisch. Laut entsprechender Schätzungen können in Österreich etwa 25 Prozent der Kinder am Ende der Volksschulzeit nicht sinnverstehend lesen. Auch der Anteil an leistungsstarken SchülerInnen ist relativ gering.

Kurz zur Erläuterung: „Sinnverstehend lesen können" bedeutet, dass man zu einem (kurzen) Text, nachdem man ihn gelesen hat, Fragen beantworten und auch wiedergeben kann, was in dem Text steht. Damit sind Personen, die nicht sinnverstehend lesen können, nicht gleichzusetzen mit Analphabeten, die gar nicht lesen können. Sie können einen Text sehr wohl lesen, sind aber nicht in der Lage, Fragen dazu zu beantworten oder den Text zusammenzufassen.

Wenn man bedenkt, dass Lernen, Bildung und Weiterbildung in allen Fächern über das Lesen erfolgt, sind die Konsequenzen dieses schlechten Abschneidens fatal.

Warum ist dieser Anteil so hoch? Das hat zum Teil mit dem Unterricht zu tun und damit auch mit der Ausbildung der LehrerInnen, aber es hat auch sehr viel mit

Systemaspekten zu tun. Nehmen wir ein Beispiel: In Österreich entscheiden die GrundschullehrerInnen mit ihren Noten, welche Kinder in ein Gymnasium gehen können und welche nicht. Damit fühlen sich Eltern, speziell höher gebildete, unter dem Druck, ihr Kind aufs Gymnasium zu bringen, und üben entsprechenden Druck auf ihre Kinder und deren LehrerInnen aus, dass diese ihrem Kind die für das Gymnasium notwendigen guten Noten geben. Das ist eine massive Belastung für die LehrerInnen und manche halten dem nicht stand. Was bedeutet das? Es steigen dann Kinder ins Gymnasium auf, die ein „Sehr gut" in Deutsch haben, aber nicht sinnverstehend lesen können. Die LehrerInnen dort identifizieren diese Defizite oft gar nicht, sondern schreiben mangelnde Leistungen einem Desinteresse oder der Faulheit zu. Damit ist das Kind mit falschen Vorwürfen konfrontiert und wird nicht bei seinen Problemen unterstützt.

Kurzgefasst: Wenn ein solcher Druck im System ausgeübt wird, führt das dazu, dass Probleme nicht auf den Tisch gelegt werden. Wenn wir sie auf den Tisch legen würden, müsste man sich in der Schule fragen: Wie schaffen wir es, dass alle Kinder sinnverstehend lesen lernen? Wie können wir den LehrerInnen die notwendige diagnostische Kompetenz vermitteln, sodass sie feststellen können, wo das Problem beim einzelnen Kind liegt, und auch wissen, wie man es beseitigen kann?

Das ist ja u.a. auch das Ziel der neuen PädagogInnenbildung, dass man durch die wesentlich längere Ausbildung – statt bisher drei Jahre werden GrundschullehrerInnen nun fünf Jahre ausgebildet und haben noch eine Induktionsphase von einem Jahr – wesentlich tiefer auf die wissenschaftlichen Grundlagen eingehen kann. Damit sollten künftig alle GrundschullehrerInnen das notwendige Fakten- und Handlungswissen haben, möglichst vielen Kindern sinnverstehendes Lesen zu vermitteln.

Andererseits müssen wir auch daran arbeiten, dass dieser Druck, das Kind muss ins Gymnasium gehen können und dafür werden falls nötig auch die Noten geschönt, aus dem System genommen wird. Der Druck hat mit der frühen Bildungsentscheidung zu tun, die – wie die Statistiken zeigen – auch weitreichende Konsequenzen für spätere Bildungsentscheidungen hat.

Ungleiche Ausgangsbedingungen werden zu wenig abgemildert

Mit dem Anspruch der Bildungsgerechtigkeit hat die Schule auch die Aufgabe, kompensatorisch zu wirken und ungleiche Ausgangsbedingungen, z.b. hinsichtlich sozioökonomischen Status, Bildung der Eltern und Migrationshintergrund, abzumildern. Auch hier ist Österreich nicht besonders erfolgreich.

Die Nationalen Bildungsberichte, die vom Bundesinstitut für Bildungsforschung, Innovation und Entwicklung des österreichischen Schulwesens erstellt werden und 2009 und 2012 erschienen sind, zeigen deutlich, dass im österreichischen Schulsystem an den Schnittstellen die Bildungsverläufe und die Berufschancen massiv determiniert werden. Danach haben wir in Österreich eine Art Bildungsvererbung. Ungefähr zwei Drittel der Siebzehnjährigen, deren Eltern einen Hochschulabschluss haben, besuchen eine Allgemeinbildende Höhere Schule, also das Gymnasium. Wenn die Eltern jedoch nur einen Pflichtschulabschluss haben, beträgt die Aussicht auf eine Matura in einer AHS nur acht Prozent. Sechsundsechzig Prozent gegenüber acht Prozent.

Jetzt könnte man natürlich argumentieren, dass es an der Genetik und den intellektuellen Fähigkeiten liegt, die seien eben bei Kindern aus Akademikerfamilien anders. Dies ist jedoch nur zu einem relativ geringen Teil der Fall. Der Nationale Bildungsbericht 2009 zeigt, dass die sozialen Ungleichheiten bezogen auf den Besuch der Unterstufe im Gymnasium nur zu 30 Prozent auf bestehende Leistungsunterschiede zurückführbar sind. Die restlichen 70 Prozent sind die Wahlentscheidungen der Eltern, d.h. je höher gebildet die Eltern sind, desto mehr wollen sie, dass ihre Kinder ebenfalls in eine höhere Schule gehen.

Die frühen Bildungsentscheidungen bedingen jedoch spätere. Von den SchülerInnen, die in eine AHS-Unterstufe gegangen sind, wählen beim Übertritt in die Sekundarstufe II – Oberstufe Gymnasium oder Berufsbildende Schule – 95 Prozent eine Schule, die ebenfalls Matura hat. 63 Prozent bleiben in der AHS und 32 Prozent wechseln in eine Berufsbildende Höhere Schule. Aus der Hauptschule, denn nur dazu liegen die Daten vor, die Neue Mittelschule gibt es ja noch nicht so lange, wechseln nur 37 Prozent in eine maturaführende Schule, davon 30 Prozent in eine Berufsbildende Höhere Schule und nur 7 Prozent in eine AHS-Oberstufe.

Die Schule in Österreich mildert damit ungleiche Ausgangsbedingungen hinsichtlich sozioökonomischen Hintergrunds nicht ab, sondern verstärkt die Unterschiede. Jede Schnittstelle im Bildungssystem ist eine erneute Hürde. Dann kommt natürlich dazu, dass Eltern, die selber keine höhere Bildung haben, meistens überfordert sind, ihre Kinder, wenn sie Probleme beim Lernen haben, zu unterstützen. Häufig verdienen sie auch weniger und können sich auch keine Nachhilfe leisten. Die Schere wird somit immer weiter aufgemacht. Dies zeigen auch Analysen der Daten aus den Bildungsstandards. Das Risiko, diese Standards nicht zu erreichen, ist für Kinder aus Familien mit niedrigem Sozialstatus deutlich höher und kann durch die Zusammensetzung der Klasse noch weit erhöht werden, d.h. wenn das Kind mit anderen Kindern in der Klasse ist, deren Eltern ebenfalls niedrigen Sozialstatus haben.

Wir haben aber nicht nur Probleme im Bereich des sozioökonomischen Hintergrunds, sondern auch bezogen auf den Migrationshintergrund. In Österreich sind Kinder mit Migrationshintergrund nach neun Schuljahren im Durchschnitt um zwei Schuljahre hinter die einheimischen Kinder zurückgefallen. Auch diese Daten stammen aus den Nationalen Bildungsberichten. Wenn man den sozioökonomischen Hintergrund bei den Analysen berücksichtigt, denn ein relativ hoher Anteil an Kindern mit Migrationshintergrund stammt auch aus Familien mit relativ niedrigem sozioökonomischem Status, verringern sich die Unterschiede zu den einheimischen Kindern. Trotzdem schneidet Österreich hier im Vergleich zu anderen Ländern sehr schlecht ab, d.h. die Unterschiede zwischen MigrantInnenkindern und einheimischen Kindern sind besonders hoch. Am meisten trifft das auf türkischstämmige Kinder zu. Diese Kinder zeigen auch die schlechteste Lesekompetenz. Jetzt könnte man die Ursache dafür bei diesen Kindern bzw. deren Eltern vermuten, d.h. dass sich die türkischstämmigen SchülerInnen in der Schule weniger anstrengen. Es gibt jedoch auch Studien (siehe Nationale Bildungsberichte), die vergleichen Kinder, deren Eltern als GastarbeiterInnen aus der Türkei gekommen sind, mit einheimischen SchülerInnen in verschiedenen Ländern. In diesen Studien schneiden die türkischen SchülerInnen in

Österreich am schlechtesten ab, d.h. schlechter als z.b. tür-
kische SchülerInnen in Deutschland. Es muss also irgendet-
was mit Österreich und dem österreichischen Schulsystem
zu tun haben.

Die Schulen haben zu wenig externe Unterstützung

Wenn man sich mit den eben genannten Problemen – zu
viele Kinder mit schlechtem Leseverständnis, zu wenig
Abmilderung von Benachteiligungen – beschäftigt, besteht
die Gefahr, dass voreilig die Schuld dafür den LehrerInnen zugeschrieben wird. In Österreich pflegen wir ohnehin
eher eine Kultur der Schuldzuschreibung als eine Kultur
der sachlichen Problemanalyse und daran anschließender
Problemlösung. Es ist jedoch notwendig, dass man sich
ansieht, wie es in anderen Schulsystemen ist, wo diese Probleme nicht bzw. nicht in gleicher Weise bestehen. Nehmen
wir das Beispiel Finnland, das ja viele Jahre PISA-Sieger
war. Finnland hat, und das ist auch ein Teil seines Erfolgs
bei PISA, die Maxime: wir lassen kein Kind zurück. Wenn
daher bei einem Kind festgestellt wird, dass es Probleme im
sinnverstehenden Lesen hat, werden entsprechende Unterstützungsangebote gemacht und es wird an individueller
Förderung alles versucht, damit es den Mindeststandard
des sinnverstehenden Lesens erreicht. Dazu werden je
nach Bedarf SozialarbeiterInnen, PsychologInnen, Logo-
pädInnen etc. in die Schule zur Unterstützung geholt. In
Österreich haben wir jedoch wesentlich weniger Unterstützungssysteme und externe Unterstützungspersonen, die
mit den Schulen zusammenarbeiten, als in anderen Ländern. Denn LehrerInnen können im Klassenverbund nicht
alle Probleme lösen und brauchen in vielen Fällen Beratung
und Unterstützung. Dabei geht es natürlich nicht nur um

das sinnverstehende Lesen, sondern auch um Fragen wie: Was mache ich als LehrerIn mit einem Kind, das hochaggressiv ist, das sich nicht in eine soziale Gruppe einfügen kann?

Zu viel Mobbing in Schulen – zu wenig gemeinsames Vorgehen dagegen

Ein weiteres Problem, das in Österreich im Vergleich mit anderen Ländern ziemlich gravierend ist, sind die Gewaltraten in den Schulen. Von der WHO (World Health Organisation) gibt es alle drei Jahre eine Erhebung in den OECD-Ländern, in der auch Daten zum Mobbing erhoben werden, d.h. wie oft jemand selbst Täter oder Opfer von Gewalt unter Gleichaltrigen ist (in der Wissenschaft verwenden wir die Bezeichnung bullying – siehe dazu den Abschnitt über Cybermobbing in Kapitel 2.6). Hier schneidet Österreich über die letzten Erhebungen hinweg immer besonders schlecht ab, d.h. der Anteil an TäterInnen und Opfern nach Eigenangaben der Jugendlichen ist im Spitzenfeld der OECD-Länder.

Wenn man bedenkt, welche langfristigen Folgen Gewalt haben kann, und zwar nicht nur für TäterInnen und Opfer, sondern auch für diejenigen, die nicht direkt involviert sind, heißt das, dass hier dringend Handlungsbedarf besteht. So haben Opfer von Gewalt zumeist ein schlechtes Selbstwertgefühl, sie neigen zu Depressionen, und in Extremfällen begehen sie sogar Selbstmord. Die TäterInnen haben eine erhöhte Gefährdung für Drogenkonsum, Alkoholkonsum oder Neigung zu Delinquenz. Aber auch die SchülerInnen, die nicht direkt in Gewalthandlungen verwickelt sind, aber diese miterleben, sind dadurch beeinträchtigt. Wenn sie nicht lernen, wie Gewalt verhindert werden kann und was sie selbst dazu beitragen können, dann können wir nicht erwarten, dass sie als Erwachsene Zivilcourage zeigen. Gewalt ist also ein Problem der gesamten Schule. Gemeinsam mit meinen MitarbeiterInnen forsche ich seit zwanzig Jahren zum Thema Gewalt in Schulen. Als Reaktion auf die hohen Gewaltraten in Österreich – siehe WHO-Studie – habe ich auch im Auftrag des Österreichischen Unterrichtsministeriums gemeinsam mit meiner ehemaligen Mitarbeiterin Dagmar Strohmeier, derzeit Professorin an der Fachhochschule Oberösterreich, eine nationale Strategie zur Gewaltprävention in Kindergärten und Schulen entwickelt. Diese nationale Strategie wurde vom Unterrichtsministerium unter der Bezeichnung „Weiße Feder" umgesetzt. Zwischen 2008 und 2013 wurden viele der Maßnahmen, die im Strategieplan vorgeschlagen worden waren, entwickelt. Bei der Umsetzung zeigte sich jedoch ein weiteres Problem im österreichischen Schulsystem: das gering ausgeprägte Verständnis in den Schulen, dass LehrerInnen und Schulleitung gemeinsam als Team handeln. Als Konsequenz wird zwar in Schulen über Gewalt geklagt, aber die Gewaltpräventionsprogramme werden viel zu wenig eingesetzt.

Hohe Ausgaben für die Schule bei zu geringen Erträgen – fehlende Transparenz über Ressourceneinsatz

Wir haben in Österreich nicht nur ein Problem damit, dass wir eine zu große Risikogruppe haben, d.h. Jugendliche, die z.B. im sinnverstehenden Lesen schlecht abschneiden und damit das Risiko haben, sich später nicht selbstständig weiterbilden zu können. Wir haben auch eine zu kleine Spitzengruppe, d.h. SchülerInnen, die besonders gut abschneiden. Dies zeigen auch die Standardtestungen.

D.h. auch das Gymnasium, das ja eine sehr selektierte SchülerInnenpopulation hat, schafft es nicht, deren Potentiale entsprechend zu fördern.

Was bezogen auf Wirtschaftsleistung und Innovation in Österreich ein besonderes Problem darstellt, ist das hohe Desinteresse der Jugendlichen an den Naturwissenschaften und an Technik. Das zeigen ebenfalls die PISA-Studien. Neben der Vorgabe von Testaufgaben werden den Jugendlichen auch Fragen gestellt wie z.b. „Für wie wichtig hältst du Naturwissenschaften?" oder „Glaubst du, dass du Naturwissenschaften oder Technik in deinem späteren Leben einmal brauchen wirst?". Die Antworten der österreichischen Jugendlichen sind im Vergleich zu den anderen Ländern sehr betrüblich. Sie halten Naturwissenschaften für nicht wichtig und glauben auch nicht, dass sie Naturwissenschaften und Technik später brauchen werden. Konform mit den Geschlechtsstereotypen sind die Angaben der Mädchen noch negativer als die der Buben (siehe dazu Kapitel 2.1).

Gleichzeitig investiert Österreich im Vergleich zu anderen OECD-Staaten ziemlich viel Geld in das Bildungssystem, insbesondere in den Bereich der Sekundarstufe (5. bis 12. respektive 13. Schulstufe). Auch diese Daten finden sich in den Nationalen Bildungsberichten. Wir haben also relativ hohe Ausgaben pro SchülerIn bei nicht entsprechend hohem Erfolg des Schulsystems. Laut OECD lässt sich das vor allem durch den hohen Betreuungsaufwand in den österreichischen Schulen erklären, d.h. die geringe Anzahl an SchülerInnen pro Lehrperson. Neuere Untersuchungen, z.B. vom Institut für Höhere Studien, zeigen jedoch, dass relativ viel des investierten Geldes gar nicht in der Klasse ankommt, also nicht dem Unterricht zu Gute kommt. Die geringe Anzahl an SchülerInnen pro Lehrperson der OECD-

Berechnung findet sich in vielen Schulklassen, speziell in Wien, nicht. Wo dieses Geld respektive diese Ressourcen genau landen, diese Frage konnte mir noch niemand genau beantworten. Womit wir bei einem weiteren sehr großen Problem im österreichischen Schulsystem sind: der fehlenden Transparenz hinsichtlich Geldflüsse, Ressourceneinsatz etc. Was wir jedoch wissen ist, dass wir ein relativ teures Bildungssystem haben mit nicht entsprechendem Ertrag.

3.3 LehrerInnen in Österreich

LehrerInnen sind neben den SchülerInnen die wichtigsten Personen im Bildungssystem. Auch wenn wir Organisationsformen und Strukturen von Schulen verändern, zuletzt kommt es doch immer auf die LehrerInnen an. Daher ist hohe Qualifikation und Motivation von LehrerInnen das Wichtigste für die SchülerInnen. Wie kann man dies bei möglichst allen LehrerInnen erreichen? Dafür müssen wir uns zuallererst eine grundlegende Frage stellen: Welche Menschen wählen überhaupt den Lehrberuf? Sind es genau die, die wir brauchen? Denn nicht alles kann im Rahmen eines Studiums beeinflusst und vermittelt werden. Die Attrahierung, d.h. die Entscheidung für den Beruf, hat aber auch mit dem Image, der Situation in der Schule und der Ausbildung zu tun.

Wer wird Lehrerin oder Lehrer?

Natürlich muss es eine fundierte professionelle Ausbildung geben, in der die angehenden LehrerInnen die Grundlagen für pädagogisches Handeln erwerben und wo die notwendigen Kompetenzen für erfolgreiches Unterrichten vermittelt werden. Aber ein hohes soziales Engagement, ob jemand Kinder mag, eine psychische Stabilität hat, Kontaktbereitschaft, Offenheit für Neues, ausreichende kognitive Fähigkeiten oder ein gutes Ausdrucksvermögen, kann man nur zum Teil im Studium erwerben oder lernen. Man muss diese Haltungen und Eigenschaften teilweise also bereits mitbringen.

In einigen Studien wurde untersucht, inwieweit diese erwünschten Haltungen und Eigenschaften bei österreichischen LehrerInnen oder Lehramtsstudierenden ausgeprägt sind. Leider sind die Befunde nur teilweise zufriedenstellend.[21] Danach sind Kontaktbereitschaft und Offenheit in recht gutem Ausmaß vorhanden, während z.B. psychische Stabilität und Belastbarkeit, die im schulischen Unterricht zweifellos sehr wichtig sind, bei österreichischen Lehramtsstudierenden im Mittel eher gering ausgeprägt sind. Die kognitiven Fähigkeiten, und zwar insbesondere solche, die mehr in den technischen Bereich gehen, sind bei den österreichischen Lehramtsstudierenden niedriger als bei Studierenden anderer Fächer. Dies könnte mit den erwarteten und auch tatsächlichen Ansprüchen des Studiums zu tun haben. Denn bei Lehramtsstudien an Pädagogischen Hochschulen gab es in der Vergangenheit relativ wenige leistungsbedingte Studienabbrüche – im Gegensatz zu den Lehramtsstudien an den Universitäten. Allerdings gibt es auch große Unterschiede innerhalb der Lehramtsstudierenden. Insbesondere bei Spätentschlossenen, die nicht bereits in der Schule den Beruf als LehrerIn anstrebten, sind die kognitiven Fähigkeiten laut Studien geringer ausgeprägt.

---

21 Man kann die Befunde zusammengefasst im Nationalen Bildungsbericht 2009 nachlesen. Das entsprechende Kapitel wurde von den österreichischen Erziehungswissenschaftlern Johannes Mayr, Professor an der Universität Klagenfurt und Hans Georg Neuweg, Professor an der Universität Linz, verfasst.

Das Image von LehrerInnen in der Öffentlichkeit

Der Beruf der Lehrerin/des Lehrers wird in der Öffentlichkeit ziemlich heftig diskutiert und genießt bei vielen kein besonders hohes Ansehen. Das hat einerseits mit der Arbeitszeitaufteilung zu tun, im Sommer neun Wochen keine Schule, Weihnachtsferien, Oster- und Semesterferien, wodurch sich der Lehrberuf von allen anderen Berufen unterscheidet. Andererseits hat es auch damit zu tun, dass Lehrpersonen zumeist die Nachmittage nicht an ihrem Dienstort, der Schule, verbringen. Auch hierin unterscheidet sich der LehrerInnenberuf von vielen anderen Berufen. Beides befördert bei negativer Interpretation die Annahme, dass LehrerInnen weniger arbeiten als andere Personen. Da auch die Diskussionen über das LehrerInnendienstrecht quasi ausschließlich über die Unterrichtsstunden geführt werden und kaum darüber gesprochen wird, wie viele andere wichtige Aufgaben LehrerInnen haben, wird das Bild, dass LehrerInnen weniger arbeiten als andere, noch weiter verstärkt. Die öffentliche Diskussion wird primär davon dominiert, ob bzw. dass die LehrerInnen mehr arbeiten, konkret mehr Stunden in der Klassen stehen sollen, und dass es Widerstände gegen Reformen gibt. Wobei das öffentliche Bild der LehrerInnen durch die LehrerInnen-Gewerkschaft geprägt wird.

Wie in allen anderen Berufen auch besteht jedoch eine sehr hohe Heterogenität unter den LehrerInnen, die in diesem Beruf vermutlich sogar noch deutlicher ist als in vielen anderen. Die Pauschalierung ist daher ebenso abzulehnen wie die verkürzte Diskussion um die Unterrichtsstunden. Allerdings können wir nicht verhindern, dass einzelne negative Erlebnisse und Erfahrungen, die man als SchülerIn oder als Vater/Mutter mit LehrerInnen gemacht hat, die Sicht auf diese Berufsgruppe prägen. Das Faktum, dass die Entlassung eines Lehrers/einer Lehrerin ein höchst seltenes Ereignis ist, verstärkt ebenfalls die negative Sicht, auch wenn der einzelne Lehrer, die einzelne Lehrerin dafür natürlich nichts kann. Allerdings muss man vorsichtig sein, dass nicht auch das negative Image bzw. seine Verbreitung zu sehr pauschaliert wird. Denn zweifellos gibt es auch sehr viele Menschen in Österreich, bei denen LehrerInnen ein hohes Ansehen genießen.

Die Situation an den Schulen

Was für die LehrerInnen gilt, gilt analog für Schulen. Es gibt sehr große Unterschiede zwischen diesen. Was jedoch vielfach generell von LehrerInnen beklagt wird, sind das hierarchische System und die zu geringe Wertschätzung für besonderes Engagement. Formell gibt es auch kaum Möglichkeiten der Anerkennung. Es gibt zwar Preise, aber bei rund 6000 Schulen in Österreich ist die Chance, dass eine Schule oder gar eine Lehrperson einen Preis bekommt, extrem gering. Das ist einfach zu wenig an Anerkennungsmöglichkeiten für die vielen LehrerInnen, die trotz zum Teil widriger Umstände Besonderes leisten.

Ein weiteres Problem ist der Druck im Schulsystem, dass ja nicht zu viele schlechte Noten vergeben werden. Besonders stark ist er beim Übergang von der Volksschule in die weiterführende Schule. Aber er besteht auch generell. Das führt dazu, dass die Bewertungskriterien dem jeweiligen Klassenniveau angepasst werden. Damit hängen die Noten nicht nur von den Leistungen ab, sondern auch davon, in welcher Schule und welcher Klasse der Schüler/die Schülerin ist.

Was in Österreich ebenfalls noch nicht so etabliert ist wie in manchen anderen Ländern, ist die Einbettung von

Schulen in die Gemeinde oder das unmittelbare städtische Umfeld. Man könnte viel mehr mit Sport- oder Kulturvereinen kooperieren, was die Schule entlasten und vermutlich auch das Image des Lehrberufs verbessern würde. Vorurteile gibt es ja immer dort, wo man keinen Einblick hat. Kooperationen mit Vereinen und anderen Gruppen gibt es natürlich bereits vereinzelt, aber es ist nicht systematisch implementiert. Das wäre auch wichtig im Hinblick auf den weiteren Ausbau der Ganztagsschulen. Auch der Mangel an externen Unterstützungspersonen, wie SchulpsychologInnen oder SozialarbeiterInnen, erzeugt Stress und Druck bei den LehrerInnen.

Ein besonders kritischer Aspekt in Österreich ist das in vielen Schulen zu gering ausgeprägte Teamverständnis im Lehrkörper. Viele LehrerInnen fühlen sich als EinzelkämpferInnen, die für alles zuständig sind – das frustriert und belastet. Viele Studien zeigen dagegen: Je mehr sich LehrerInnen in der Schule als Team verstehen, gemeinsam Dinge planen und entscheiden, desto besser ist das Schulklima. Je besser das Teamverständnis ist, desto besser sind auch die Leistungen der SchülerInnen. Das ist nicht verwunderlich. Denn wenn sich LehrerInnen über die SchülerInnen und den Unterricht austauschen, können sie besser erkennen, ob, wo und warum ein Schüler oder eine Schülerin Probleme hat und was man tun kann, sie oder ihn zu unterstützen. Man kann Unterrichtskonzepte austauschen und voneinander und miteinander lernen und – was besonders wichtig ist – Schulprogramme durchführen, an denen alle LehrerInnen teilnehmen. Wenn es hingegen in einer Schule nur EinzelkämpferInnen gibt, die nach ihrem Unterricht sofort nach Hause gehen und sich nicht mit ihren KollegInnen austauschen, ist es nicht verwunderlich, dass sowohl das Schulklima als auch die Leistungen der SchülerInnen nicht so gut sind. Auch die gemeinsame Umsetzung von Schulprogrammen funktioniert in solchen Schulen im Allgemeinen nicht.

Die Ausbildung der LehrerInnen

Je nach Schultyp wurden die LehrerInnen bisher an Universitäten oder Pädagogischen Hochschulen ausgebildet. Änderungen bringt hier die neue PädagogInnenbildung – siehe dazu Kapitel 3.1.

Die Situation an Universitäten

An den Universitäten hatte die PädagogInnenbildung bisher keinen sehr hohen Stellenwert. Das hat damit zu tun, dass die Universitäten am meisten an ihren Forschungsleistungen gemessen werden. Daher wird bei jeder neuen Professur vor allem darauf geschaut: Wie viel hat die Person geforscht? In welchen renommierten wissenschaftlichen Journalen hat sie publiziert? Wie viele Drittmittel hat sie eingeworben? Im Bereich der PädagogInnenbildung gibt es weder viele Drittmittel noch renommierte Journale. Daher sind die Universitäten, was Personal für die PädagogInnenbildung betrifft, d.h. Professuren für Fachdidaktik oder für Bildungsforschung und Schulentwicklung, schlecht ausgestattet. Denn Professuren in anderen Fächern wie z.B. Physik oder Chemie erbringen viel leichter die gewünschten Forschungsleistungen.

Die PädagogInnenbildung war bisher auch nicht als eigenes Element an den Universitäten sichtbar, z.B. in Form einer eigenen Fakultät, einer School of Education oder dergleichen, sondern war jeweils Teil der Fächer wie Mathematik, Physik, Geschichte, Germanistik usw. Da gab es die Hauptfachstudierenden, also die „richtigen" Studierenden, und dann noch die Lehramtsstudierenden. Obwohl die Lehramtsstudierenden häufig in der Überzahl waren, haben die Hauptfachstudierenden oft ein wenig herabgeschaut auf sie. Damit wurde auch der Lehrberuf gering geschätzt und das Image geprägt. Es ist zu hoffen, dass sich das mit der neuen PädagogInnenbildung ändert.

Die Situation an Pädagogischen Hochschulen

Die Pädagogischen Hochschulen sind aus den Pädagogischen Akademien hervorgegangen, die ein Typus der Berufsbildenden Höheren Schulen waren und damit nicht zum Tertiären Ausbildungsbereich gehörten. Diese Aufwertung hat zwar dazu geführt, dass die Pädagogischen Hochschulen auch einen Forschungsauftrag bekommen haben, aber Forschung ist nicht etwas, das ich per Knopfdruck starten kann. Dazu braucht man Ressourcen, aber auch eine Forschungskultur. Das bedeutet, dass man weiß, welche Standards für wissenschaftliche Forschung international gelten und auch in der Lage ist, diese zu erfüllen. Dass man am internationalen wissenschaftlichen Diskurs teilnehmen kann, in dem man seine Forschungsarbeiten in Publikationsorganen der Scientific Community veröffentlicht, die sehr strenge Bewertungskriterien haben, und auf internationalen Tagungen und Konferenzen präsentiert sowie einen Diskurs dazu führen kann. Das alles sind Voraussetzungen für eine forschungsbasierte Lehre, wie sie an Universitäten etabliert ist. D.h. dass ich über Forschungen nicht nur aus zweiter Hand berichte, sondern sie auch selbst durchführe und das entsprechende Wissen an die Studierenden weitergebe.

All das ist mit der Ausstattung der Pädagogischen Hochschulen derzeit nicht entsprechend leistbar. Weder gibt es die Forschungskultur, noch genügend Zeitressourcen beim

Personal, sich auch wirklich der Forschung zu widmen. Es gibt auch keine entsprechenden wissenschaftlichen Arbeitseinheiten wie an Universitäten, in denen man im Team forscht und publiziert. Im gesamten deutschen Sprachraum ist die wissenschaftliche Fundierung der PädagogInnenausbildung für den Elementar- und Grundschulbereich ein relativ neues Thema. Daher sind manche Bereiche, wie z.b. Deutschdidaktik für die Grundschule, auch gar nicht ausreichend forschungsmäßig und personell entwickelt. Wenn es kaum jemanden gibt, der über Deutschdidaktik in der Grundschule forscht, muss man sich auch nicht wundern, dass so viele Kinder nicht sinnverstehend lesen können. Daher ist noch sehr viel zu tun am Aufbau von Forschungs- und entsprechenden Lehrkapazitäten.

Ein großer Unterschied zwischen Universitäten und Pädagogischen Hochschulen besteht auch hinsichtlich der Autonomie. Während Universitäten eine sehr hohe Autonomie haben und damit selbst entscheiden können, welches Personal sie anstellen, wie sie ihre Curricula gestalten etc., gilt das nicht für die Pädagogischen Hochschulen. Pädagogische Hochschulen sind nachgeordnete Dienstbehörden des Bildungsministeriums und damit auch weisungsgebunden – genauso wie Schulen. Das schafft natürlich durchaus Probleme mit Blick auf die im Rahmen der neuen PädagogInnenbildung geplanten Kooperationen.

Die neue PädagogInnenbildung

Die neue PädagogInnenbildung hat als zentrales Ziel, die Qualität der Ausbildung für alle PädagogInnen zu erhöhen. Wesentlich differenzierter als bisher wurde definiert, welche Kompetenzen in einem Studium vermittelt und durch Praxiserfahrung und wissenschaftsgestützte Weiterbildung so gefestigt werden sollen, dass sie in der jeweiligen Schulsituation zwar reflektiert, aber quasi automatisch eingesetzt werden können. Die Aufgaben von LehrerInnen sind auch viel breiter und realitätsnäher definiert. Damit geht es in der Ausbildung auch um die Vermittlung von diagnostischer Kompetenz, Förderkompetenz, Medienkompetenz, Diversitätskompetenz usw. Die Vermittlung sozialer Kompetenz ist nicht nur für die Arbeit mit den SchülerInnen wichtig, sondern auch für die Teamarbeit in der Schule oder das Führen von Elterngesprächen.

Ein weiteres wichtiges Anliegen der neuen PädagogInnenbildung ist die Entwicklung und Förderung des Professionsverständnisses bei den angehenden LehrerInnen. VolksschullehrerInnen und HauptschullehrerInnen verstanden sich schon bisher primär als PädagogInnen, während z.B. im Gymnasium sich sehr viele LehrerInnen über die Fächer definieren, die sie unterrichten, und viel weniger im Vordergrund steht, dass sie Lehrerin und Lehrer sind. Wobei Professionsverständnis auch Mitverantwortung für die Schulentwicklung, das Selbstverständnis der Weiterbildung etc. inkludiert. Es ist zu erwarten, dass sich durch die neue PädagogInnenbildung, die verstärkt allgemein pädagogische und schulpraktische Inhalte vermittelt, auch das Professionsverständnis verändern wird. Positiv ist auch, dass der schulpraktische Teil in der neuen Ausbildung schon früher im Studium angesetzt ist und man damit früher erproben kann, ob der Beruf wirklich zu einem passt.

Die neue PädagogInnenbildung hat an den Universitäten und Pädagogischen Hochschulen zu einem hohen Engagement geführt und bereits viele positive Veränderungen gebracht. Die Curricula sind zumeist schon entwickelt und Kooperationen zwischen den Institutionen etabliert. Die

Pädagogischen Hochschulen bringen ihren starken Praxisbezug ein, die Universitäten die Wissenschaftlichkeit. Es besteht daher die Hoffnung, dass die neue PädagogInnenbildung dazu beitragen wird, Probleme, die wir im Schulsystem haben und die sicherlich zum Teil auch mit den Lehrpersonen zu tun haben, angegangen und beseitigt werden können. Dennoch sollten die Herausforderungen und Hürden auf dem Weg dorthin nicht unterschätzt werden, wie auch der Bericht des Qualitätssicherungsrats für die PädagogInnenbildung, dem ich selbst angehöre, an das Parlament klar aufzeigt. Insbesondere bestehen Mängel an qualifiziertem Personal und hinsichtlich verantwortlicher Strukturen für die PädagogInnenbildung.[22]

Ausblick – das Berufsbild verändern

Was müsste man nun tun, um die angeführten Probleme hinsichtlich Berufsimages, Attrahierung, Wertschätzung von Leistungen usw. zu beseitigen? Drei miteinander zusammenhängende Ansätze werden kurz dargestellt, die sowohl dem einzelnen Lehrer/der einzelnen Lehrerin als auch der Schule als System und letztendlich den SchülerInnen Vorteile bringen sollten. Sie werden in der Öffentlichkeit immer wieder diskutiert, ihre Realisierung ist bisher jedoch nicht erfolgt.

Mittleres Management an Schulen

Wir haben derzeit die Situation, dass die SchulleiterInnen mit ihren Aufgaben und der geringen Unterstützung, die sie dafür haben, extrem überfordert sind und es gleichzeitig keine Karrierechancen für LehrerInnen gibt – außer eben,

---

22 http://www.qsr.or.at

SchulleiterIn zu werden. Die Schaffung eines Mittleren Managements an Schulen würde dazu beitragen, beide Probleme zu lösen. Erstens würde es die Schulleitung entlasten. Denn wie kann man in einer großen Schule alle organisatorischen und administrativen Aufgaben wahrnehmen, Maßnahmen zur Schulentwicklung, Qualitätssicherung etc. setzen und gleichzeitig Karriere- oder Mitarbeitergespräche mit den LehrerInnen führen, wenn nur eine Person – der Schulleiter/ die Schulleiterin mit vielleicht einer Sekretariatshilfe – dafür zuständig ist? Hier könnten erfahrene LehrerInnen, die jeweils einen Bereich der Managementaufgaben übernehmen und dafür entsprechend weniger Stunden unterrichten, die Schulleitung entlasten. Damit gäbe es Karrieremöglichkeiten für LehrerInnen, die ihre Interessen und Fähigkeiten berücksichtigen, sowie ihre Weiterbildungsaktivitäten und ihr Engagement bei Schulentwicklung und speziellen Projekten anerkennen. Gleichzeitig könnten die Aufgaben eines Mittleren Managements gezielt auf die Bedürfnisse der jeweiligen Schule gerichtet sein. Eine wichtige Voraussetzung dafür ist allerdings, dass Schulen höhere Autonomie haben (siehe dazu Kapitel 4.2).

Laufbahnmodell für LehrerInnen

Die Einrichtung eines Mittleren Managements sollte Hand in Hand gehen mit der Schaffung eines Laufbahnmodells für LehrerInnen, das die Erkenntnisse der Entwicklungspsychologie über die Lebensspanne berücksichtigt. Diese zeigen eindeutig – und das gilt natürlich nicht nur für LehrerInnen – dass sich unsere Interessen, aber auch unsere Fähigkeiten und Kompetenzen im Laufe des Lebens ändern. Wenn die Berufstätigkeit diese Veränderungen berücksichtigen kann, macht das Arbeiten viel mehr Freude, da man sich ja gemäß seiner Interessen, seiner Erfahrungen und Kompetenzen einbringen kann. Konkret könnte das bedeuten, dass z.b. eine Lehrperson ihr Wissen zur Entwicklung eines Schulprofils einbringt, eine andere ihre Erfahrung im Mentoring für jüngere LehrerInnen, die gerade den Berufseinstieg machen (Induktionsphase in der neuen PädagogInnenbildung), weitergibt.

Über dem öffentlichen Diskurs darüber, wie viele Stunden LehrerInnen in der Klasse stehen sollen, vergisst man ja oft, wie viele andere wichtige und anspruchsvolle Aufgaben LehrerInnen haben. Mit ein Grund dafür ist auch, dass das Gehalt nach der Anzahl der Unterrichtsstunden festgelegt ist. Dass sie sich auch vorbereiten müssen, Schularbeiten, Tests und Referate korrigieren, Elterngespräche führen, am Schulprofil und an der Schulentwicklung mitarbeiten, sich mit den Sorgen von SchülerInnen auseinandersetzen, Mentoring, Fortbildung, Schulveranstaltungen, Wandertage, Sportwochen, Austausch mit KollegInnen über schwierige SchülerInnen oder Benotungen usw. usf. machen, wird viel zu wenig gesehen und anerkannt. In dem Augenblick, wo man von dieser einseitigen Bewertung über Unterrichtsstunden weggeht und zu einem Ansatz übergeht, in dem alle Tätigkeiten honoriert werden, würden diese Arbeiten auch aufgewertet und anerkannt werden. In Abhängigkeit von individuellen Interessen und Kompetenzen und den Bedürfnissen der Schule könnten dann erfahrene LehrerInnen, die entsprechende Fortbildungen gemacht haben, weniger Stunden unterrichten, aber dafür im Rahmen des Mittleren Managements z.B. Mentoring oder andere Aufgaben in der Schule übernehmen.

Es ist wohl anzunehmen, dass sich all das auch positiv auf die Gesundheit und die Berufszufriedenheit von

LehrerInnen auswirken würde. Wir müssen uns ja auch fragen, warum LehrerInnen so viele Krankenstände haben und warum so viele in Frühpension gehen, was auch wirtschaftlich ein Problem ist und die Kosten des Schulsystems in die Höhe treibt. Stress, mangelnde Anerkennung und fehlende Perspektiven sind, wie viele Studien zeigen, Ursachen von Burnout und psychischen und psychosomatischen Erkrankungen. Wenn jedoch, und das wissen wir aus den Forschungen der Arbeits- und Organisationspsychologie, Einsatz und Leistung im Beruf entsprechend anerkannt werden und man seine Interessen und Stärken einbringen kann, steigt die Zufriedenheit, was sich wieder positiv auf die Gesundheit auswirkt. Dann gehe ich als Lehrer/Lehrerin auch gerne in die Schule und fühle mich der Schule gegenüber viel mehr verpflichtet. Damit würde so ein Laufbahnmodell direkt den LehrerInnen zu Gute kommen. Es hätte aber indirekt auch Effekte auf die Kinder, denn Freude und Spaß am Beruf übertragen sich natürlich auf die SchülerInnen. Schließlich würde es dem Schulsystem Geld sparen, wenn es weniger Krankenstände und weniger Frühpensionen gäbe.

Jahresarbeitszeitmodell

Die Etablierung des oben skizzierten Mittleren Managements und Laufbahnmodells würde jedoch auch die Einführung eines Jahresarbeitszeitmodells für alle LehrerInnen (derzeit gibt es dieses nur im Pflichtschulbereich) erfordern. Das bedeutet, dass die Arbeitszeit sich nicht (ausschließlich) an den Unterrichtsstunden orientiert, sondern, wie bei anderen Berufen auch, an den Arbeitsstunden im gesamten Jahr abzüglich Urlaub. Das würde die notwendige Flexibilisierung – Personen im Mittleren Management unterrichten weniger, übernehmen dafür andere Aufgaben – ermöglichen. Die qualitätsvolle Wahrnehmung der vielfältigen Aufgaben, die sich mit hoher Wahrscheinlichkeit aufgrund künftiger Herausforderungen noch weiter ausdifferenzieren werden (siehe Kapitel 4), würde auch erfordern, dass die LehrerInnen mehr Kernarbeitszeit in der Schule verbringen. Das hätte zwei Vorteile: Der Eine ist, dass sie sich besser im Team austauschen können, der Zweite, dass es möglich wäre, die hohe Belastung durch viele Unterrichtseinheiten am Stück (z.b. sechs Stunden an einem Vormittag) zu verringern. Man könnte die Unterrichtszeiten dann leichter aufteilen und zwischen Unterrichtsstunden anderen Tätigkeiten, wie z.b. Vorbereitung oder Elterngesprächen, nachgehen. Klar ist, dass die LehrerInnen dann adäquate Arbeitsräume und -plätze benötigen. Derzeit sind ihre Arbeitsmöglichkeiten in vielen Schulen katastrophal. Vielfach sitzen die LehrerInnen alle gemeinsam im Konferenzzimmer, ganz eng nebeneinander, und haben kaum einen Platz zum Ablegen ihrer Unterlagen. Zumeist gibt es auch nicht ausreichend Computer für die LehrerInnen in der Schule. Da kann man natürlich nicht konzentriert viele Stunden lang arbeiten, Stunden vorbereiten oder Schularbeiten korrigieren, sondern muss das zu Hause machen. Wobei es auch mühsam ist, immer einen Stapel Hefte nach Hause zu transportieren.

Die Realisierung einer entzerrten Unterrichtszeit für LehrerInnen würde notwendigerweise Hand in Hand gehen mit der Einführung von mehr Ganztagsschulen. Aus gesellschaftlichen Gründen – Förderung von Kindern, Unterstützung berufstätiger Eltern usw. – wurde dies in den vergangenen Jahren ja zunehmend propagiert (siehe auch Kapitel 4.2). Ganztagsschulen brauchen natürlich mehr Unterstützungspersonal und eine Einbindung in die Gemeinde. Möglicherweise hätten LehrerInnen dann im Sommer nicht neun Wochen „frei", sondern würden einen Teil der Ferien für Weiterbildungen, Schulentwicklung, gemeinsame Planungen für Themen und Projekte usw. nützen.

Bessere Karrierechancen inklusive einer adäquaten Entlohnung sollten auch dazu beitragen, dass sich das Berufsimage des Lehrberufs ändert und er attraktiv für viele motivierte und kompetente junge Menschen ist. Dafür ist es jedoch auch notwendig, dass in der Öffentlichkeit viel mehr transportiert wird, wie verantwortungsvoll, wichtig und befriedigend dieser Beruf ist. Wenn man Kindern und Jugendlichen so vieles beibringen kann, sie darauf vorbereiten kann, ihren Weg zu gehen und ihr Leben zu gestalten, ist das wohl eine der wichtigsten und schönsten Aufgaben in der Gesellschaft.

3.4 Warum geht in Österreich im Bildungsbereich so wenig weiter?

DemographInnen, WirtschaftswissenschaftlerInnen, Interessensvertretungen wie die Industriellenvereinigung, Bildungsinitiativen, aber auch viele PolitikerInnen sind sich einig: Bildung ist der Schlüssel für den Erfolg eines Landes. Bildung ist auch der Schlüssel für den Erfolg in Österreich. Dass im österreichischen Schulsystem vieles nicht gut funktioniert und es dementsprechender Reformen bedarf, wurde nicht nur in den Kapiteln 3.2 und 3.3 dieses Buches aufgezeigt, sondern wird seit langem öffentlich diskutiert und kritisiert. Wir haben auch genügend Erkenntnisse aus der Bildungsforschung, in welche Richtungen reformiert werden müsste, welche Maßnahmen gesetzt werden sollten. Warum werden sie jedoch nur sehr zögerlich (oder auch gar nicht) von der Bildungspolitik aufgegriffen? Ist der Bildungsbereich, die Schule, generell so änderungsresistent oder ist das ein Österreich-spezifisches Phänomen? Damit beschäftigt sich dieses Kapitel.

Evidenzbasierte Bildungspolitik – ein schwieriges Unterfangen

Eine evidenzbasierte Politik beruht auf gesicherten Forschungsergebnissen und nicht auf Ideologien. In den vergangenen Jahren wurde von verschiedenen Seiten zunehmend mehr eine solche Politik eingefordert. Es hat sich auch wirklich einiges verändert. Forschungsergebnisse werden vermehrt rezipiert und viele PolitikerInnen treten aktiv für Evidenzbasierung ein. Allerdings gibt es sowohl Unterschiede zwischen Ländern als auch Unterschiede zwischen Politikfeldern. So waren die angloamerikanischen und skandinavischen Länder schon immer viel mehr nach Evidenzen orientiert als mitteleuropäische oder südliche Länder. Bei den Politikfeldern ist der Bildungsbereich besonders ideologisch überfrachtet – nicht nur in Österreich. Das hat mehrere Gründe. Die zwei aus meiner Sicht bedeutsamsten Gründe sind, dass die Effekte von Gesetzen und Maßnahmen im Bildungsbereich erst sehr spät sichtbar sind und es im Bildungsbereich besonders schwierig ist, wissenschaftliche Erkenntnisse in die Praxis umzusetzen. Nehmen wir als Beispiel die PädagogInnenausbildung, die im Jahr 2013 nach einem sehr langen Prozess beschlossen wurde. Nach Entwicklung der Curricula werden im Herbst 2015 und 2016 die Ausbildungen gestartet. Inklusive Induktionsphase dauert die Ausbildung sechs Jahre. Bis die ersten neu ausgebildeten PädagogInnen die Kinder unterrichtet haben, vergehen – mit Blick aufs Gymnasium – damit mindestens achtzehn Jahre (sechs Jahre Ausbildung, zwölf Jahre Unterricht). Dieser Zeitraum ist länger als drei Regierungsperioden. Das bedeutet, dass im Bildungsbereich PolitikerInnen Erfolge von Reformen nicht selbst einfahren können. Wobei zusätzlich auch noch die lange Vorbereitung von Gesetzen zu berücksichtigen ist, die sich – z.b. im Falle der PädagogInnenausbildung – über mehr als eine Regierungsperiode erstreckt hat. Damit überlegt sich jeder Bildungspolitiker/jede Bildungspolitikerin, ob man überhaupt Reformen angehen soll, wo es ja ohnehin nicht möglich sein wird, einen direkten politischen Erfolg im Sinne von Wirkungen aufzuzeigen. Diese Situation begünstigt natürlich auch Ideologien.

Das zweite zentrale Problem im Bildungsbereich ist die Umsetzung wissenschaftlicher Erkenntnisse in die Praxis, d.h. das Aufzeigen von Wirkungen. Wenn z.B. in der Medizin ein neuer Impfstoff entwickelt wird, ist das zwar auch ein langer Prozess. Wenn der Impfstoff aber einmal auf dem Markt ist, kann ihn jeder Arzt einsetzen – egal, ob er weiß, wie der Impfstoff zusammengesetzt ist, ob er seine genaue Wirkung kennt, ob er von der Wirkung überzeugt ist; die Impfung wird bei den PatientInnen wirken. Im Bildungsbereich ist das nicht so. Wenn wir, vergleichbar mit dem Impfstoff, basierend auf wissenschaftlichen Theorien ein Lernprogramm entwickelt und im Labor geprüft haben, kann ich es nicht jedem Lehrer/jeder Lehrerin einfach in die Hand drücken und davon ausgehen, dass es funktioniert. Zuerst müssen wir die LehrerInnen davon überzeugen, dass das neue

Lernprogramm sie bei der Arbeit unterstützen kann und manches besser geht als vorher. Dann müssen sie das Programm erlernen. Sie müssen aber auch in der Lage sein, das Gelernte im Klassenkontext anzuwenden, und zwar adaptiv an die jeweilige Klasse, den jeweiligen Schüler, die jeweilige Schülerin. Dann müssen die SchülerInnen, die vielleicht von der Schule schon völlig frustriert sind, wahrnehmen, dass es eine neue Form des Unterrichtens gibt, die sie zum Lernen motiviert, von der sie profitieren können. Es gibt somit im Bildungsbereich ganz viele Zwischenschritte im Transferprozess, wo es Störfaktoren geben kann, die verhindern, dass Programme und Maßnahmen, die wissenschaftlich sehr gut abgesichert sind, flächendeckend erfolgreich umgesetzt werden.

Besonderheiten in Österreich

Meiner Beobachtung nach weist Österreich vor allem zwei Besonderheiten auf, in denen es sich von vielen anderen Ländern unterscheidet, und die Reformen (nicht nur) im Bildungsbereich behindern. Das erste Spezifikum ist die hohe Dominanz der Parteipolitik, wozu auch die Rücksichtnahme auf die vielen Interessensvertretungen gehört. Das zweite Spezifikum ist die mangelnde Bereitschaft zu einer (Mit)verantwortung, zum Handeln. Vielmehr suchen wir in Österreich lieber nach Schuldigen.

So spielt in Österreich für die Vergabe von Positionen als Schulleiter oder Schulleiterin nach wie vor die Parteizugehörigkeit eine Rolle – auch wenn nicht mehr so stark wie noch vor einigen Jahren – was in anderen Ländern unvorstellbar ist. Das betrifft natürlich auch die RektorInnen von Pädagogischen Hochschulen und die dortigen Hochschulräte. Diese Dominanz der Parteipolitik steht

auch evidenzbasierten Reformen entgegen, denn Parteipolitik ist natürlich verknüpft mit Ideologien. Dazu gibt
es im Bildungsbereich auch sehr viele InteressensvertreterInnen, allen voran die Gewerkschaften, die oft wieder
parteipolitisch organisiert sind und berücksichtigt werden
müssen. InteressensvertreterInnen betrachten Probleme
und allfällige Lösungen, wie ja auch die Bezeichnung
ausdrückt, aus ihrer Perspektive. Sie vertreten ihre Interessen. Damit ist es sehr schwierig, eine Lösung für ein
Problem zu finden, die sämtliche Interessensvertretungen
akzeptieren. Dies habe ich durch meine Tätigkeit im Ent-
wicklungsrat für die PädagogInnenbildung zur Genüge
erfahren.

Das zweite zentrale Spezifikum Österreichs, das meiner Ansicht nach Reformen behindert, ist die mangelnde
Bereitschaft zur Verantwortungsübernahme – möglicherweise ein Erbe des Kaiserreichs, in dem die Untertanen
ja gewohnt waren, Befehle von oben zu empfangen. Dieses Problem findet sich durchgängig im System, nicht nur
im Bildungsbereich oder in der Schule. Aber dort hat es
hoch problematische Folgen – siehe z.B. die hohe Anzahl
an Kindern und Jugendlichen, die nicht sinnverstehend
lesen können. Eigene Studien mit LehrerInnen bestätigen das. Wir haben die LehrerInnen nach den Gründen
für schulischen Erfolg und Misserfolg von SchülerInnen
befragt. Die Mehrheit der befragten LehrerInnen glaubte
weder bei guten noch bei schlechten Noten, dass dies etwas
mit ihnen oder der Schule zu tun hat. Vielmehr waren sie
der Ansicht, dass es an der Begabung der Kinder, ihrem
Interesse, Lerneinsatz, der Unterstützung durch die Eltern
etc. liegt. Damit formulierten sie klar, dass sie keine Verantwortung dafür haben.

Gewalt an Schulen – Klagen statt Handeln

Ein Beispiel dafür, dass in österreichischen Schulen (Mit) Verantwortung und Handeln nur in geringem Umfang etabliert ist, liefert auch das von uns im Rahmen der Nationalen Strategie zur Gewaltprävention entwickelte Programm zur Prävention von Gewalt und Förderung von sozialer und interkultureller Kompetenz. Das Programm wurde für die Sekundarstufe I entwickelt, also die Zehn- bis Vierzehnjährigen, wo es auch die höchsten Gewaltraten gibt.[23] Um die LehrerInnen bei der Durchführung des Programms zu entlasten, haben wir nicht nur sehr viele Materialien entwickelt, sondern auch Coaches ausgebildet, die die Schule und die LehrerInnen begleiten und unterstützen. Auf Basis vieler Vortests haben wir auch kalkuliert, wie viel zeitlicher Einsatz von der Schule respektive von einzelnen LehrerInnen bei der Umsetzung des Programms erforderlich ist. Wir haben – in Kenntnis der österreichischen Schule – bewusst sehr wenige verpflichtende Stunden über ein ganzes Schuljahr vorgesehen. Auf freiwilliger Basis konnte natürlich viel mehr gemacht werden.[24]

Um prüfen zu können, ob das Programm die beabsichtigten Wirkungen zeigt, d.h. zu einer Reduktion der Gewaltraten führt, braucht man nach wissenschaftlichen Standards sowohl eine Versuchsgruppe, die das Programm durchführt, als auch eine Kontrollgruppe, d.h. Schulen, die es nicht durchführen. Die Kontrollgruppe ermöglicht es festzustellen, ob es nicht auch aus anderen Gründen, wie z.B. Medienberichten über Gewalt oder bestimmten Themen, die LehrerInnen bearbeiten,

---

23 http://wisk.psychologie.univie.ac.at/
24 Siehe z.B. Dagmar Strohmeier et al., *Journal New Directions for Youth Development*, 2012

zu Veränderungen der Gewaltraten kommen kann, die nichts mit dem Programm zu tun haben.

Um diese Prüfung bzw. Evaluation durchzuführen, haben wir alle Schulen der Sekundarstufe in Wien angeschrieben und eingeladen mitzumachen. Das waren zum damaligen Zeitpunkt 155 Schulen. Von diesen Schulen haben sich 34 zur Teilnahme bereit erklärt. Von diesen 34 haben 26 die notwendigen Voraussetzungen erfüllt. Dazu gehörte z.B., dass mindestens 80 Prozent der LehrerInnen beim Programm mitmachen und dass sie an der Evaluation teilnehmen. Aus diesen 26 geeigneten Schulen haben wir per Zufallsauswahl eine Vergleichsgruppe und eine Kontrollgruppe gezogen. (Wenn nämlich diese Wahl durch die Schulen selbst erfolgt, so besteht die Gefahr, dass sich Versuchs- und Kontrollschulen schon in den Ausgangsbedingungen – in dem Fall in den Gewaltraten – unterscheiden.) 13 kamen in die Versuchsgruppe, 13 in die Kontrollgruppe. Von der Kontrollgruppe hat dann gleich der Großteil abgesagt. Wir hatten ihnen zwar versprochen, dass sie das Programm ein Jahr später durchführen können, aber das wollten sie nicht. Nur fünf Schulen haben als Kontrollgruppe bei der Evaluation mitgemacht. Wir haben also mit 155 Schulen gestartet, 13 haben das Programm gemacht und fünf waren in der Kontrollgruppe – und das bei den besonders hohen Gewaltraten in Österreich und den entsprechenden Klagen darüber durch LehrerInnen.

Parallel hat eine Kollegin in Finnland etwas Ähnliches gemacht wie wir, also auch ein Gewaltpräventionsprogramm im Rahmen einer Nationalen Strategie entwickelt und an Schulen getestet. Wie war die Durchführung dort? In Finnland gab es schon wesentlich günstigere

Startbedingungen, d.h. viel mehr Geld von der Bildungspolitik. Es gab auch keinerlei Probleme, Schulen zur Teilnahme zu bewegen, und zwar auch nicht zur Teilnahme in der Kontrollgruppe. Insgesamt haben in Finnland 78 Schulen das Programm durchgeführt und an der Evaluation teilgenommen, 39 als Versuchs- und 39 als Kontrollschulen.

Nachdem die Evaluation positive Ergebnisse gezeigt hatte, kam in Finnland die Aufforderung der Bildungspolitik, das Programm möglichst rasch in allen Schulen durchzuführen. Nach drei Jahren hatten über 80 Prozent der Schulen teilgenommen. Auch unser Programm hat positive Effekte, d.h. reduziert die Gewaltraten. Die Zahl der Schulen, die unser Programm durchgeführt haben, ist jedoch sehr gering. Vielleicht sind es 80, maximal 100 von rund 2.900 Schulen der Sekundarstufe I.

Ähnliche Erfahrungen haben wir auch mit dem von uns entwickelten Self-Assessment Instrument gemacht. Damit kann man feststellen, wie hoch die Gewaltraten in Klassen und Schulen sind, ob die eigene Wahrnehmung als LehrerIn mit denen der SchülerInnen übereinstimmt usw. Das Self-Assessment steht online gratis den Schulen zur Verfügung, ist sehr einfach zu benutzen und liefert automatisch leicht verständliche Ergebnisse. Auch dieses Instrument wird, obwohl alle Schulen darüber informiert wurden, nur selten eingesetzt, insbesondere werden die LehrerInnenfragebögen so gut wie nie ausgefüllt.

Das bedeutet, dass wir auch hier eine große Diskrepanz haben zwischen dem offensichtlichen Bestehen eines Problems und dem Klagen darüber, und der Verantwortungsübernahme, dem aktiven Handeln, das Problem auch wirklich zu beseitigen.

Die mangelnde Bereitschaft zur Übernahme von Verantwortung und zum Handeln gibt es in Österreich jedoch nicht nur bei LehrerInnen. Ein Beispiel dafür sind die Reaktionen auf die PISA-Ergebnisse. In Österreich neigen wir dazu, uns über unangenehme Dinge, wie z.b. die PISA-Ergebnisse, zuerst einmal aufzuregen – in den Medien, in der Politik, in der öffentlichen und privaten Debatte. Und was machen wir als nächsten Schritt? Wir suchen die Schuldigen. Bei der ersten PISA-Studie im Jahr 2000 wurden als Erstes die Kinder als Schuldige identifiziert. Schon bald meinte man jedoch, es müssten die LehrerInnen sein. Oder doch die Eltern? Irgendwann kam man auf die MigrantInnen. Statt zu sagen „Was läuft in unserem Land schief?", „Was können wir dagegen tun?" lautet die Frage eher „Wer oder was ist schuld daran?".

Eine typisch österreichische Reaktion war auch, dass – trotzdem die PISA-Ergebnisse im Jahr 2000 nicht so gut waren – man sich darüber gefreut hat, dass wir besser sind als die Deutschen. Zwar nicht viel, aber ein bisschen. 2003 kamen die nächsten PISA-Ergebnisse, und siehe da, die österreichischen SchülerInnen schnitten schlechter ab als 2000 und waren auch schlechter als die deutschen SchülerInnen. Große Aufregung. Die damalige Unterrichtsministerin Elisabeth Gehrer gab daraufhin den Auftrag, die Daten nachzuprüfen, denn da muss doch etwas falsch sein, wenn wir plötzlich schlechter sind als die Deutschen. Die Nachanalysen brachten jedoch nicht das erwünschte Ergebnis, sondern genau das Gegenteil. Es stellte sich heraus, dass wir schon beim ersten Mal schlechter abgeschnitten hatten. Im Jahr 2000 war nämlich die Stichprobe aus Sonderschulen nicht repräsentativ gewesen, sondern zu klein, was zu einer Überschätzung der PISA-Leistungen in Österreich geführt hatte.

3.5 Welchen Beitrag kann die Bildungsforschung leisten?

Nachdem ich selbst im Bildungsbereich forsche und dieses Buch auf wissenschaftlichen Erkenntnissen der Bildungsforschung beruht, möchte ich in einem kurzen Abschnitt darauf eingehen, was Bildungsforschung leisten kann, respektive leisten könnte für Entwicklungen im Bildungsbereich. Dabei fokussiere ich auf eine empirisch ausgerichtete Bildungsforschung, die Daten erhebt und datengestützt arbeitet. Ziel einer solchen Bildungsforschung ist es, Bildungsprozesse zu untersuchen sowie die Bedingungen von Bildungsprozessen und deren Ergebnisse zu analysieren. Damit soll empirisch abgesichertes Wissen bereitgestellt werden, das es ermöglicht, die Bildungswirklichkeit besser zu verstehen und sie gegebenenfalls zielgerichtet zu verändern. Dabei geht es um Fragen wie: welche didaktischen Konzepte wendet eine Lehrperson an, wie adaptiert sie diese Konzepte an spezifische Kinder, inwieweit berücksichtigt sie individuelle Interessen, welchen Einfluss hat die Größe der Klasse, die Zusammensetzung der SchülerInnen usw. usf.

Die empirische Bildungsforschung ist interdisziplinär ausgerichtet, d.h. viele verschiedene Disziplinen liefern Beiträge und kooperieren miteinander. Dazu gehören vor allem die Erziehungswissenschaften, die Bildungspsychologie, die Bildungssoziologie, die Bildungsökonomie, aber auch, wenn es um spezifische Unterrichtsfächer geht, die verschiedenen Fachdidaktiken. So kann z.B. die Bildungsökonomie berechnen, welchen Benefit wir haben, wenn wir die Elementarpädagogik ausbauen, und wie hoch der Return on Investment ist – d.h. wievielfach jeder investierte Euro zurückkommt. Gemäß internationaler Studien wird bezogen auf den Elementarbereich geschätzt, dass jeder investierte Euro ungefähr achtfach zurückkommt. Leider ist die Bildungsökonomie in Österreich bisher nicht sehr stark vertreten, speziell nicht an Universitäten. Die Bildungsforschung kann aber auch Präventions- und Interventionsprogramme entwickeln, um mögliche negative Entwicklungen aufzufangen, z.b. im Bereich des Leseverständnisses, oder bereits bestehende negative Effekte abzumildern oder zu beseitigen, z.b. mit Programmen zur Gewaltprävention.

Stellenwert der Bildungsforschung in Österreich

Somit ist es unzweifelhaft, dass empirische Bildungsforschung wichtige Beiträge zur Entwicklung von Schule bzw. des ganzen Bildungssystems liefern kann. Nicht umsonst wird ja eine evidenzbasierte, d.h. auf Forschungsergebnissen beruhende Bildungspolitik gefordert. Allerdings hängt die Bedeutung der Bildungsforschung nicht nur von ihrer wissenschaftlichen Qualität ab, sondern auch von ihrer Position im Bildungssystem und den Problembereichen, die im Bildungssystem wahrgenommen werden. In Österreich ist der Stellenwert der Bildungsforschung im Vergleich mit anderen Ländern nicht besonders hoch, was sich u.a. auch darin niederschlägt, dass es wenig bis gar keine Ressourcen für empirische Bildungsforschung gibt.

Schauen wir uns im Vergleich die Situation in Deutschland an, das ja in vielerlei Hinsicht bezüglich des Bildungssystems mit Österreich vergleichbar ist: Deutschland hat bei PISA am Anfang auch sehr schlecht abgeschnitten. Dieses schlechte Abschneiden hat in der deutschen Politik und Öffentlichkeit einen richtigen Schock ausgelöst. Man hat sich gefragt, wie es möglich ist, dass Deutschland als wirtschaftliche Großmacht ein Schulsystem hat, das so wenig erfolgreich ist. Man hat sogar explizit vom PISA-Schock gesprochen. Als Konsequenz wurde die Bildungsforschung massiv ausgebaut. Intensiv wurde beforscht, wie Bildungsprozesse ablaufen und wie man diese optimieren kann. Bildungsforschung wurde als wichtige Forschungsrichtung anerkannt und wertgeschätzt. Dieses Investment zeigte auch Erfolge. Beim PISA-Test im Jahr 2012 hat Deutschland deutlich besser abgeschnitten als noch 2003 und lag damit erstmals in allen Bereichen deutlich über dem OECD-Durchschnitt. Das heißt, in Deutschland wurde das Problem erkannt, analysiert und nach einer Lösung gesucht. Das ist in Österreich, wie bereits ausgeführt, bei sehr ähnlicher Ausgangslage nicht geschehen.

In Österreich mangelt es daher an Forschungsdaten darüber, was im Unterricht geschieht, wie die Bildungsprozesse ablaufen. Dies wurde bereits von der Zukunftskommission 2003 festgestellt und beklagt, der ich auch angehört habe. Die gleichen Klagen finden sich auch in den Nationalen Bildungsberichten von 2009 und 2012. D.h. in der Zwischenzeit ist nur wenig geschehen. Viele Informationen müssen wir von den Forschungstätigkeiten anderer Länder importieren. Nicht möglich ist jedoch, Maßnahmen oder Programme aus anderen Ländern 1:1 umzusetzen – und zwar mit den gleichen Ergebnissen. Ich will das wieder am Beispiel von PISA erläutern.

Die sehr erfolgreichen PISA-Länder Republik Korea (Südkorea) und Finnland haben völlig unterschiedliche Systeme. In Finnland ist die wahrgenommene Verantwortlichkeit im Schulsystem hoch, die Klassen sind eher klein, die Autonomie von Schulen ist hoch. Es gibt viele Unterstützungssysteme und ein Teamverständnis im Lehrkörper. In den fernöstlichen Ländern wie Südkorea gibt es dagegen riesige

Klassen, die Verantwortlichkeit liegt bei den Eltern und den Kindern. Für die Eltern ist der Schulerfolg ihrer Kinder von höchster Wichtigkeit. Als Konsequenz werden die Kinder geradezu darauf gedrillt, die schulischen Anforderungen möglichst gut zu erfüllen. Nach dem Unterricht gehen sie noch in Förderschulen oder müssen zu Hause unter Aufsicht viele Stunden lernen. Freizeit gibt es so gut wie gar nicht.

Diese Länder haben also extrem unterschiedliche Systeme und sind beide damit erfolgreich hinsichtlich der PISA-Leistungen der SchülerInnen. Das System in Finnland werden wir nicht so schnell übernehmen können, weil wir ja weder Unterstützungssysteme und autonome Schulen haben, noch die Kultur der Verantwortlichkeit und des Teamverständnisses etabliert ist. Das koreanische System des Drills werden wir wohl nicht einführen wollen. Wenn wir unser Schulsystem erfolgreich weiterentwickeln wollen, müssen wir daher analysieren, welche Maßnahmen zu unserer Kultur passen, welche an diese andocken können. Wir müssen aber auch sehr gut überlegen, wie wir es schaffen, dass auch die LehrerInnen mitmachen. Schließlich müssen wir auch klären, wo genau wir überhaupt hin wollen. Welche Ziele setzen wir uns für die Schule, für den Bildungsbereich? Wie kommen wir dorthin? Die Beantwortung dieser Fragen sollte forschungsgestützt erfolgen und nicht nur auf Basis von Ideologien. Dafür braucht man die Bildungsforschung.

Warum ist die Implementierung von Reformmaßnahmen so schwierig?

In Kapitel 3.4 habe ich schon versucht zu erläutern, wie schwierig es ist, im Bildungsbereich wissenschaftliche Erkenntnisse in die Praxis umzusetzen und auch bei sehr gut erprobten und fundierten Programmen Effekte im

Feld, d.h. in der Schule, zu erzielen. Die flächendeckende Implementierung von Reformmaßnahmen ist die nächste Herausforderung. Wenn wir z.b. ein neues Lehrkonzept erproben wollen, dann sind die ersten Schulen, die dabei mitmachen, immer die motiviertesten, die sich auch freiwillig melden. Zumeist sind nicht nur die SchulleiterInnen motiviert und engagiert, sondern auch die LehrerInnen. In diese ersten Erprobungen im Feld sind auch fast immer die ForscherInnen selbst involviert und arbeiten mit den Schulen zusammen. Damit hat man eine Teamarbeit hoch motivierter Menschen. Wir können aber nicht aus den Abläufen und Ergebnissen in diesen besonders motivierten Schulen in Zusammenarbeit mit den ForscherInnen, die natürlich zeigen wollen, dass ihre Programme funktionieren, schließen, dass es in allen anderen Schulen genauso funktionieren wird. Wir müssen uns im Gegenteil überlegen, wie wir es schaffen, dass die Maßnahmen auch in Schulen und mit LehrerInnen, die nicht so engagiert und motiviert sind, und ohne die ForscherInnen, in gleicher Weise umgesetzt werden. Welche unterstützenden Rahmenbedingungen braucht es? Wen muss man einbinden? Welche begleitenden Ausbildungen muss man anbieten? Braucht es zusätzliches Personal? Welche Anreize kann man setzen? D.h. die Schulen müssen auf die Reformmaßnahmen systematisch und sorgfältig vorbereitet werden – Transparenz und Information sind dabei ganz wichtig. Sie müssen jedoch auch bei der Umsetzung kontinuierlich begleitet werden, um zu sehen, wo es Probleme gibt und wo man eventuell gegensteuern muss.

Seit ca. 20 Jahren gibt es ausgehend von den USA eine Forschungsrichtung, die sich explizit diesem Thema widmet, die Implementationsforschung. In den USA hat die

Politik bereits die hohe Relevanz dieser Forschungsrichtung, die bereits eine Vielzahl von Implementationskonzepten entwickelt hat, erkannt. Das brauchen wir wesentlich mehr auch in Österreich.

Eine wichtige Voraussetzung für die erfolgreiche Implementation von Reformmaßnahmen ist die Kooperation von Wissenschaft, Politik, Verwaltung und Praxis. D.h. neben den WissenschaftlerInnen, die auf Basis wissenschaftlicher Theorien und Modelle neue Maßnahmen, Programme und Ausbildungsgänge entwickeln, bedarf es der aktiven Beteiligung von PolitikerInnen und von MitarbeiterInnen in Ministerien. Sie müssen dahinter stehen. Natürlich braucht es die PraktikerInnen, d.h. die LehrerInnen. Denn was nützt es, wenn die ForscherInnen Maßnahmen und Programme entwickeln, aber die PraktikerInnen nicht glauben, dass es funktionieren wird. Wir brauchen Kommunikation, Austausch und eine verlässliche Zusammenarbeit zwischen diesen Gruppen. Natürlich brauchen wir auch die Medien, die Reformmaßnahmen unterstützend begleiten.

Eigentlich klingt das Alles nicht so kompliziert. Trotzdem funktioniert es leider nicht so, wie wir es gerne hätten – siehe das Beispiel der Neuen Mittelschule. Warum ist es so? Gründe dafür finden sich bei allen genannten Gruppen.

Fangen wir mit der Wissenschaft an. In der Wissenschaft wird anwendungsorientierte Forschung, wie die empirische Bildungsforschung es ist, weniger geachtet als Grundlagenforschung. Viele WissenschaftlerInnen setzen sich auch nicht wirklich mit den Bedingungen in der Schule oder anderen Bildungseinrichtungen auseinander. Sie wissen daher oft gar nicht, wie sie mit ihrer Arbeit an das Feld „andocken" können. WissenschaftlerInnen publizieren auch meist nicht in der Sprache von LehrerInnen oder

PolitikerInnen. Sie schreiben Artikel für wissenschaftliche Journale, die Personen aus Politik und Praxis nicht lesen werden, weil sie voll theoretischer Abhandlungen und komplizierter statistischer Analysen sind. Die PraktikerInnen wieder haben wenige Kenntnisse darüber, wie Forschung funktioniert und worauf man dabei achten muss. Viele verstehen z.b. nicht, dass wir zur Prüfung von Wirkungen nicht nur eine Versuchsgruppe, sondern auch eine Kontrollgruppe benötigen. Die PraktikerInnen haben oft auch wenig Motivation, sich mit wissenschaftlichen Forschungsergebnissen auseinanderzusetzen, weil das anstrengend ist, weil sie den direkten Nutzen nicht sehen, oder weil sie Angst vor Veränderungen haben, die daraus resultieren könnten.

Auf die PolitikerInnen trifft vieles zu, was bereits bei den PraktikerInnen angeführt wurde. Allerdings kommt noch dazu, dass die Forschungsergebnisse den Parteiprogrammen oder dem Wunsch nach raschen Ergebnissen widersprechen können, was den Handlungsspielraum von PolitikerInnen einschränkt. PolitikerInnen stehen ja unter dem Druck: Hier ist ein Problem. Was ist die Lösung dafür? Ähnliches gilt für die Personen, die in Ministerien oder anderen Einrichtungen für die Bildungsverwaltung zuständig sind. Sie haben zwar eine größere Kontinuität als die PolitikerInnen und auch oft mehr einschlägige Expertise, müssen sich jedoch nach den politischen Entscheidungen richten.

Wo kann man ansetzen, dass Reformen doch umgesetzt werden?

Die Wissenschaft würde sagen: Wir müssen uns zuerst einmal Ziele setzen. Dann überlegen wir: Auf welchen Wegen können wir zu diesen Zielen kommen? Dann arbeiten wir die Literatur dazu auf und entscheiden auf deren Basis, welcher Weg der vielversprechendste ist. Dann entwickeln wir das Studiendesign usw. Dieses Vorgehen entspricht jedoch nicht der Logik und dem Handlungszwang von Politik, Verwaltung und Praxis. Vielmehr haben wir sehr unterschiedliche Logiken und Zwänge. Was können wir in dieser Situation tun? Meiner Ansicht und Erfahrung nach ist der wichtigste Erfolgsparameter die Etablierung eines kontinuierlichen Austauschs.

Wir WissenschaftlerInnen müssen unsere Ergebnisse so darstellen oder zusätzliche Texte dazu publizieren, dass wir die PraktikerInnen und die PolitikerInnen erreichen. Wir müssen Netzwerke bilden, in denen alle Gruppen vertreten sind, in denen man kommuniziert und sich kontinuierlich austauscht. Dann verstehen wir auch die Probleme der Praxis und die Zwänge der Politik. Und natürlich müssen Universitäten solche Tätigkeiten von ForscherInnen und die Bedeutung des Transfers von Erkenntnissen aus der Bildungsforschung in die Gesellschaft auch anerkennen und unterstützen. Neben Forschung und Lehre ist der Transfer von wissenschaftlichen Erkenntnissen in die Gesellschaft die dritte Aufgabe von Hochschulen.

Andererseits müssen auch Schulen sich entwickeln, offen sein für Neues und die LehrerInnen sich als ein Team verstehen, das zusammenarbeitet. Denn wenn das nicht der Fall ist, brauchen wir gar nicht mit Reformmaßnahmen anfangen, das wird nicht funktionieren. Genauso wie die SchülerInnen müssen auch die Institutionen bereit sein, ständig Neues zu lernen. Die PraktikerInnen brauchen auch gewisse Basiskenntnisse über Forschung, sie müssen ein wenig die Logik und Sprache der Forschung verstehen. Was wir außerdem brauchen, wenn wir mit Schulen arbeiten wollen, sind klare AnsprechpartnerInnen und Veranwort-liche für neue Programme und Forschungsprojekte in den Schulen. Am besten sind das kleine Teams, die eine hohe Akzeptanz in der Institution haben. Und man braucht auch entsprechende Ressourcen dazu, z.b. Stunden, in denen diese Personen von anderen Aufgaben freigestellt werden. In solchen Netzwerken zwischen Forschung und Schule sollten auch Gemeinden und gesellschaftliche Einrichtun-gen wie Vereine vertreten sein, damit schulische Reformen in die Gesellschaft und in gesellschaftliche Entwicklungen eingebettet sind.

Was muss die Politik tun? Der erste Schritt ist wohl, dass man ganz bewusst die Notwendigkeit einer Evidenzbasie-rung bei politischen Entscheidungen erkennt und dafür eintritt. Also weg von der reinen Ideologie, hin zu zielge-richteten und wissenschaftlich fundierten Maßnahmen. Gleichzeitig soll die Politik auch einfordern, dass evaluiert wird, ob neue Maßnahmen auch die beabsichtigten Wir-kungen zeigen. Andererseits muss – sofern die Wirkun-gen belegt sind – die flächendeckende Implementierung konzipiert und begleitet werden. Gerade in Zeiten knapper Ressourcen muss die Politik auch darauf achten, dass die Relation zwischen Aufwand und Ertrag gerechtfertigt ist. Insbesondere können wir es uns nicht leisten, Geld in nicht funktionierende Maßnahmen und Reformen zu investie-ren. Die Politik sollte auch Anerkennungssysteme einfüh-ren, wonach Leistungen, die besonders engagierte Schulen oder LehrerInnen erbringen, anerkannt werden – und zwar so, dass es sichtbar ist. Nicht zuletzt können die Medien einen wichtigen Beitrag leisten, indem sie viele Beispiele positiver Entwicklungen aufzeigen.

4. Die Schule der Zukunft

Wie soll eine Schule aussehen, die junge Menschen auf das Leben in 20, 30 Jahren vorbereitet? Eine Schule, die so gestaltet ist, dass sie auch mit künftigen Veränderungen in der Welt, die wir derzeit noch gar nicht abschätzen können, umgehen kann? Welche Voraussetzungen und Rahmenbedingungen braucht so eine Schule der Zukunft? Was müssen wir im Schulsystem in Österreich verändern, damit wir diese Schule auch realisieren können? Und schließlich: Wo sollten wir bei Bildungsreformen ansetzen? Das alles möchte ich in diesem Kapitel behandeln. Die Darstellung basiert, wie auch in den anderen Kapiteln, auf Forschungsbefunden; sie hat jedoch – speziell was die Schule der Zukunft betrifft – auch eine persönliche Perspektive.[25]

Die von mir hier propagierte Schule der Zukunft ist nicht eine reine Science Fiction-Schule ohne Bezug zur vorliegenden Realität. Vielmehr sind in manchen Schulen bereits heute einige oder auch fast alle Kernelemente realisiert. Meine Vision ist es jedoch, dass dies für alle Schulen gelten soll.

4.1 Meine Vision der Schule der Zukunft

Die Schule der Zukunft, wie ich sie mir wünsche, sollte die Förderung von Bildungsmotivation, von Interesse am Neuen und die Vermittlung der Kompetenzen, diese Bildungsmotivation erfolgreich realisieren zu können, als

---

25 Siehe dazu auch meinen Beitrag in dem vom Rat für Forschungs- und Technologieentwicklung 2013 im Verlag Holzhausen herausgegebenen Band *Österreich 2050*.

zentrale Ziele sehen. Sie würde Qualifikation und Sozialisation als ihre Hauptaufgaben sehen (siehe Kapitel 1.1). Insbesondere wäre es Intention der Schule, bei Kindern und Jugendlichen Verantwortung für andere und die Gesellschaft zu fördern. Bereits die aktuellen gesellschaftlichen Entwicklungen wie Kriege, Terror, Flüchtlingsströme, Arbeitslosigkeit, Armut, etc. belegen die Notwendigkeit, Verantwortungsübernahme für sich selbst, aber auch für andere zu fördern.

Die Schule der Zukunft sollte ein Ort sein, an dem sich die SchülerInnen (und auch die LehrerInnen) wohlfühlen, der aber gleichzeitig auch ihr Lernen unterstützt – auch aus räumlicher Sicht. D.h. es muss Möglichkeiten geben, sich für ein stilles Arbeiten zurückzuziehen, aber auch die Möglichkeit, in einer Gruppe zu arbeiten. Man müsste Wände beiseite schieben können, um Schülerversammlungen abzuhalten oder um gemeinsam Feste zu feiern. Die Schule der Zukunft sollte sowohl das individualisierte Lernen als auch das gemeinsame Lernen unterstützen und ermöglichen.

Damit die Schule diese Ziele erreichen kann, sollte sie aus meiner Sicht folgende Merkmale aufweisen:

Sie sollte die positive emotionale Ausgangssituation fördern und gezielt unterstützen. Die SchülerInnen kommen mit großer Neugierde und großer Freude am Lernen in die Schule und das sollte über die gesamte Schulzeit erhalten bleiben. In der von mir gewünschten Schule wissen die SchülerInnen, dass Schule und Lernen wichtig sind. Sie erleben sich als erfolgreich. Falls bei jemandem Schwächen oder Probleme feststellt werden, zielt die Unterrichtsgestaltung darauf ab, dass diese SchülerInnen unterstützt werden. Die Schule ist nicht auf soziale Vergleiche ausgerichtet, sondern sie betont den positiven Wert des Lernens und des Vorankommens für alle. In dieser Schule werden die Interessen der SchülerInnen berücksichtigt, denn wenn Lernen aus eigenem Interesse geschieht und das anspricht, was einem wichtig ist, macht es auch mehr Freude und man hält auch anstrengende Phasen durch. So werden die SchülerInnen z.b. gefragt, welche besonderen Interessen und Wünsche sie für das Schuljahr haben, und die Anwendungsbeispiele für den Unterricht werden dann so entwickelt, dass sie die Interessen der SchülerInnen ansprechen. Dadurch wird der Zweck des Lernens für die SchülerInnen evidenter, was eine wichtige Voraussetzung für ihre Motivation ist.

Ein zentrales Merkmal dieser Schule ist, dass sie sich als Lernort öffnet, d.h. sie nimmt das, was den SchülerInnen anderswo Freude am Lernen bereitet, in die Schule auf, um die Schule als Lernort attraktiver zu machen. Die Schule der Zukunft bezieht auch andere Lernorte und andere Personen in den Unterricht ein, um u.a. die Verbindung zwischen dem Lernstoff in der Schule und der Anwendung in der Wirtschaft oder dem Sozialbereich aufzuzeigen. So kann z.b. ergänzend zum Biologieunterricht ein Arzt oder eine Ärztin erzählen, wie er oder sie Krankheiten diagnostiziert, oder ein Chemiker, wie neue Baustoffe entwickelt werden. Lernen erfolgt nicht nur innerhalb der Schule, sondern auch an vielen anderen Orten, z.B. können die Arbeitsplätze von externen Gästen besucht werden.

Die von mir propagierte Schule der Zukunft hat das Ziel, dass die SchülerInnen selbstgesteuert lernen und Verantwortung für das eigene Lernen übernehmen. Sie können sich Lernziele setzen, die dafür notwendigen Schritte planen und selbstständig durchführen. Die SchülerInnen werden damit für lebenslanges Lernen vorbereitet. Lernen lernen ist systematisch in alle Fächer integriert. Die SchülerInnen lernen in Gruppen und gemeinsam an Projekten, dadurch werden auch die soziale Kompetenz und die Fähigkeit zur Teamarbeit gezielt gefördert. Projektarbeit erfolgt immer wieder fächerübergreifend und themenspezifisch und nicht nur unterrichtsfachspezifisch. In dieser Schule arbeitet man an Fragestellungen und Problemen, für die es nicht nur eine richtige Lösung gibt, sondern eine Vielzahl an Lösungsmöglichkeiten mit verschiedenen Vor- und Nachteilen. Damit gibt die Schule auch Raum für die Anerkennung ganz unterschiedlicher Fähigkeiten, auch außerhalb der schulischen Fächer.

In dieser Schule der Zukunft geht es nicht nur darum, gute Noten zu haben oder schlechte zu vermeiden, sondern es geht vor allem darum, etwas zu können und dazuzulernen. Das stärkt das Selbstwertgefühl der SchülerInnen. Leistungsbewertung und Noten sind transparent und werden anhand klarer Kriterien vergeben. Nach Übereinkunft kann auch auf Noten verzichtet und stattdessen andere Formen der Leistungsbewertung verwendet werden. Für das Erkennen von Lerngewinnen gibt es vielfältige Möglichkeiten, d.h. es müssen nicht alle SchülerInnen in allen Bereichen ständig das Gleiche tun. Auch die Erarbeitung neuer Wissensinhalte erfolgt zumeist individualisiert, d.h. angepasst an die Vorkenntnisse und die Lerngeschwindigkeit jedes einzelnen Schülers, jeder einzelnen Schülerin. Entsprechende Materialien für dieses Selbstlernen sind – auch in digitalisierter Form – vorhanden. In der idealen Schule ist auch eine Fehlerkultur etabliert, die Fehler zu Lernchancen macht und keine Bedrohungen und Ängste auslöst.

Flipped Classroom –
ein Modell für die Zukunft des Lernens

In der klassischen Form des schulischen Unterrichts lernt man im Präsenzunterricht in der Klasse den neuen Stoff und übt diesen zu Hause in Form von Hausübungen oder Vorbereitungen für Prüfungen oder Schularbeiten. Flipped Classroom bedeutet, dass dies „auf den Kopf gestellt" wird, d.h. dass sich die SchülerInnen zu Hause den neuen Stoff individuell erarbeiten – anhand von Videos z.B., und dass man sich dann in der Schule gemeinsam darüber austauscht, was klar und nachvollziehbar war, was man nicht verstanden hat, wo die Probleme liegen, was man noch üben möchte. Dieses individuelle Lernen muss nicht bzw. nicht nur zu Hause erfolgen. Es kann auch in der Schule stattfinden unter Verwendung dort vorhandener Materialien und des Internets. D.h. das, was die LehrerInnen typischerweise „genormt" machen, machen die SchülerInnen individualisiert. Damit können die Vorkenntnisse der einzelnen SchülerInnen und ihre individuellen Lerngeschwindigkeiten viel besser berücksichtigt werden. Man kann sich z.B. eine Videosequenz einer Unterrichtseinheit noch einmal anschauen, wenn man etwas nicht verstanden oder sich nicht ausreichend konzentriert hat, oder einen Passus überspringen, wenn man einen Aspekt bereits kennt. In der Schule wird dann das Gelernte diskutiert und gefestigt. Ein zentraler Vorteil ist, dass die Lernmotivation deutlich höher ist. Beim klassischen Unterricht in der Klasse, wenn die Lehrperson den neuen Stoff präsentiert, fühlt sich im Normalfall ein Teil der SchülerInnen unterfordert und ein anderer überfordert. Für die Einen geht es zu langsam und für die Anderen zu schnell, denn die Lehrperson richtet ihren Unterricht an die fiktive Mitte. Aber wie viele sind in dieser fiktiven Mitte? Im Flipped Classroom kann das Lernen nach der individuellen Lerngeschwindigkeit erfolgen. Die Lehrperson hat dann wesentlich mehr Zeit zur Verfügung, bei Problemen zu helfen oder eine Sache differenzierter zu erläutern.

Die Einrichtung eines solchen Flipped Classrooms ist ohne Zweifel ein enormer Aufwand. Man muss ja neue Lehrmaterialien entwickeln, die die SchülerInnen dann individualisiert nützen können. Mittlerweile hat jedoch bereits eine Reihe neuer Firmen erkannt, dass es hier einen Markt gibt, und sich darauf spezialisiert, Lehrinhalte in kleine Häppchen zu zerlegen und mit eigens produzierten Videofilmen und entsprechenden Animationen didaktisch aufzubereiten.

Das umgedrehte Klassenzimmer stellt auch eine beachtliche Herausforderung für die LehrerInnen dar, denn plötzlich dreht sich auch ihre Rolle um. Es ist ein großer Unterschied, ob ich in der Klasse den Stoff selbst vortrage, oder ob die Kinder, die den Stoff schon durchgearbeitet haben, plötzlich mit ganz vielen unterschiedlichen Fragen kommen. Damit ändert sich meine Rolle von jener der Präsentatorin/des Präsentators zu der eines Coaches. Auch das muss man lernen. Auch die SchülerInnen müssen sich umstellen. Sie brauchen eine hohe Selbstdisziplin und müssen selbstorganisiert arbeiten können. Das müssen sie vorher lernen (siehe dazu Kapitel 1.5). Der Flipped Classroom muss daher sehr gut vorbereitet werden, bevor er umgesetzt werden kann. Dafür kann es dann ein ganz toller Erfolg sein, ein Modell für die Zukunft des Lernens in der Schule.

Diese Schule der Zukunft arbeitet bewusst an der Realisierung gleicher Bildungschancen für alle SchülerInnen. Sie betrachtet jegliche Kompetenz als Ressource und Potenzial und nicht nur sehr wenige ausgewählte, die exakt bestimmten Unterrichtsfächern zuordenbar sind. Die Individualisierung des Lehrens und Lernens ist eine Selbstverständlichkeit. Es ist möglich, dass die SchülerInnen beim gleichen Thema unterschiedliche Ziele ansteuern oder unterschiedliche Wege zum Ziel gehen. Die LehrerInnen haben eine inklusive Grundhaltung und übernehmen Verantwortung für Kinder mit besonderem Bedarf. Die SchülerInnen freuen sich nicht nur über ihre eigenen Erfolge, sondern auch über die ihrer MitschülerInnen. In der idealen Schule ist es cool, zu lernen und sich anzustrengen. Die SchülerInnen übernehmen Verantwortung für den eigenen Lernprozess und die eigenen Lernergebnisse und unterstützen gleichzeitig leistungsschwächere MitschülerInnen beim Lernen.

Die SchülerInnen dieser Schule der Zukunft übernehmen auch Verantwortung außerhalb der Schule, indem sie sich z.B. in Sozialprojekten engagieren, und werden dabei von der Schule unterstützt. Die gelebte Verantwortung ist eine Mission der gesamten Schule und die Lehrpersonen tragen durch ihre Vorbildwirkung dazu bei. Die erlebte Selbstwirksamkeit in solchen Projekten stärkt auch das Selbstvertrauen und das Selbstbewusstsein der SchülerInnen.

Selbstorganisiertes Lernen – es ist nie zu früh

Die Schule der Zukunft muss Lernmotivation und selbstorganisiertes Lernen aufbauen und fördern, sonst erreichen wir nicht, dass junge Menschen wissen, wie sie nachhaltig lernen, und es auch als Erwachsene im Berufsleben bis hin ins höhere Erwachsenenalter weiter tun, und zwar gerne und erfolgreich. Wie notwendig dies heute und künftig ist und auch wie es unterstützt werden kann, habe ich ja bereits in den Kapiteln 1 und 2.3 ausgeführt. Die Frage ist, wann man damit beginnen kann und soll. Kann man schon im Alter von 6 Jahren, also beim Eintritt in die Schule, selbstständig für die Schule lernen? Ja, man kann, sogar schon im Kindergarten, aber natürlich mit Einschränkungen.

Das selbstständige, selbstorganisierte Lernen muss sukzessive aufgebaut werden und die Entwicklung des Kindes berücksichtigen – das weiß man aus den Erkenntnissen der Entwicklungspsychologie. Natürlich ist die Ausdauer bei jüngeren Kindern noch nicht so lang wie bei Jugendlichen oder Erwachsenen. Die Aufgaben müssen deshalb kurz und überschaubar sein. Aus der Lernforschung wissen wir, dass Aufgaben dann ideal sind, wenn sie nicht zu leicht sind, sonst fühlen sich die Kinder nicht herausgefordert, aber auch nicht zu schwer, denn sonst geben sie entweder gleich auf oder scheitern bei hoher Anstrengung. Beides behindert den Aufbau von Selbstvertrauen und Selbstwirksamkeit.

Man kann jedoch auch schon kleinen Kindern die Verantwortung dafür übertragen, sich die Zeit etwas einzuteilen. Man kann sie bei mehreren Aufgaben oder Spielen auswählen lassen, was sie zuerst machen wollen. Man kann sie auch explizit herausfordern, sich besonders anzustrengen, etwas besonders gut zu machen, sodass sie auf das Geleistete stolz sein können. Eine wichtige Voraussetzung dafür, erfolgreich selbstorganisiert lernen zu können, ist, dass man seine eigenen Fähigkeiten gut einschätzen kann. Um das zu üben, kann man Kinder z.B. raten lassen, wie lange sie brauchen werden, um sich ein kurzes Gedicht auswendig zu merken, und auch wie viel davon sie morgen noch wissen werden. Die Lehrerin/der Lehrer kann ihnen dann auch erklären, wie das Gedächtnis funktioniert, welche Speicher es gibt, und wie es mit dem Vergessen ist. Am besten funktioniert das mit kleinen Experimenten. Das habe ich selbst mit Kindern zwischen 6 und 12 Jahren im ZOOM Kindermuseum und bei der Kinderuni ausprobiert. Es macht ihnen großen Spaß und man kann dann aus den Experimenten gemeinsam Lerntipps ableiten und erproben, wie gut sie funktionieren. Mit dem Lernen über den eigenen Lernprozess und wie man ihn verbessern kann, kann man also bereits bei relativ kleinen Kindern beginnen. Wenn sie dann selbst erarbeitete Lerntipps erfolgreich anwenden können, sind sie auch sehr stolz darauf.

Soll man Noten abschaffen?

Ziffernnoten ja oder nein? Dies ist ein Diskurs, der schon sehr lange immer wieder geführt wird. Es gibt eine Reihe von Schulen, die keine klassischen Noten von 1 bis 5 (gilt für Österreich) mehr vergeben, oder zumindest nicht für alle Schulstufen. Diese Schulen berichten zumeist, dass sich das sehr bewährt. Ob Noten generell abgeschafft werden sollten, darauf lässt sich auf Basis bisher vorliegender Befunde der Bildungsforschung jedoch keine eindeutige Antwort geben. Aber schauen wir uns das Thema näher an:

Dass man den Sechsjährigen nach Schuleintritt nicht sofort Noten geben soll, darüber herrscht mittlerweile ziemliche Einigkeit. Aber über eine gesamte Schulzeit völlig ohne Noten oder andere Bewertungsmaßstäbe auszukommen, ist deswegen schwierig, weil es ja danach eine Berufswelt gibt mit hohem Wettbewerb. Man bewirbt sich um Lehrstellen, um Studienplätze und um berufliche Positionen in Konkurrenz zu anderen. Damit taucht auch die Frage auf: Was ist meine Leistung im Vergleich zu anderen wert? Damit stellt sich die Frage nach dem Maßstab, an dem Leistungen bewertet werden.

Im schulischen Kontext unterscheiden wir drei Arten von Maßstäben. Die soziale Bezugsnorm, die individuelle Bezugsnorm und die kriteriale Bezugsnorm. Die Unterschiede bestehen darin, womit die Einzelleistung eines Schülers, einer Schülerin verglichen wird.

Die **soziale Bezugsnorm** ist dann gegeben, wenn eine Lehrperson die Leistungen jedes Kindes mit den Leistungen der anderen Kinder in der Klasse vergleicht. Studien zeigen, dass dieser Maßstab am häufigsten eingesetzt wird. Wenn eine Klasse leistungsstark ist, bekommt ein Kind dadurch eine schlechtere Bewertung, als wenn es in einer leistungsschwachen Klasse ist. Es ist aber dasselbe Kind und die Leistungen sind gleich. Das ist natürlich nicht fair. Zusätzlich ist diese Bewertung auch demotivierend, speziell für schlechtere SchülerInnen. Denn wenn sie sich verbessern, die anderen aber auch dazulernen, so bleiben sie immer in der Rangordnung der Klasse ganz unten. D.h. Lernerfolge werden in der Bewertung nicht sichtbar.

Bei der **individuellen Bezugsnorm** vergleicht die Lehrperson die Leistungen eines Schülers/einer Schülerin mit dessen oder deren Leistungen davor. Damit wird es möglich, einen Lernfortschritt zu erkennen und wertzuschätzen, selbst wenn er in Relation zu anderen SchülerInnen nicht so hoch ist. Daher ist diese Form der Bewertung für den Aufbau von Lernmotivation sehr hilfreich, insbesondere bei schwächeren SchülerInnen.

Bei der **kriterialen Bezugsnorm** wird die individuelle SchülerInnenleistung nach einem vorher festgelegten Maßstab, nach im Vorhinein festgelegten Lehrzielen bewertet. Diese Bezugsnorm ist fair und ermöglicht Vergleiche von Leistungen von SchülerInnen nicht nur innerhalb einer Klasse, sondern auch über Klassen und Schulen hinweg.

Gemäß Forschungsbefunden sollte eine Kombination von kriterialer und individueller Bezugsnorm bei der Bewertung vorgenommen werden. Kriterial, um auf Basis von Lehrzielen faire Bewertungen durchzuführen, individuell, um auch kleine Lernerfolge sichtbar zu machen und gerade bei schwächeren SchülerInnen Selbstvertrauen aufzubauen. Warum verwenden LehrerInnen jedoch vorwiegend die soziale Bezugsnorm? Weil LehrerInnen wesentlich besser in der Lage sind, die Kinder in der Klasse, in der sie unterrichten, in eine Rangordnung zu bringen, aber viel weniger gut darin, sie nach absoluten Maßstäben zu bewerten. Auch das wissen wir aus Studien. Außerdem ist es auch aufwändig, solche kriterialen Maßstäbe zu entwickeln.

Was ist also zu empfehlen? Basierend auf den Bildungszielen von Schule sollte festgelegt werden, welche Mindeststandards SchülerInnen auf einer bestimmten Schulstufe erreichen sollten. Das ist zweifellos eine politische Entscheidung. Derzeit sind in Österreich keine Mindeststandards definiert. Ein Beispiel für so einen Mindeststandard wäre, dass alle SchülerInnen am Ende der Volksschule sinnverstehend lesen können. Dann brauchen wir basierend auf der kriterialen Norm einen entsprechenden Maßstab zur Bewertung der SchülerInnenleistungen. Z.B. könnte der Mindeststandard erfüllt sein, wenn der Schüler/die Schülerin mindestens drei einfache Fragen zu einem vorher gelesenen kurzen Text richtig beantworten kann. So ein Maßstab enthält dann natürlich auch Bewertungskriterien für darüber hinausgehende Leistungen.

Wenn solche Mindeststandards und Maßstäbe in verschiedenen Fächern definiert sind und auch transparent an SchülerInnen und Eltern vermittelt wurden, geht es erst im nächsten Schritt um die Form der Bewertung. Idealerweise besprechen die LehrerInnen sowohl mit den SchülerInnen als auch mit den Eltern, wie gut die Lehrziele erreicht wurden. Selbstreguliertes Lernen inkludiert ja auch, dass man sein eigenes Lernergebnis sowie den Lernprozess bewerten kann. Das muss dann nicht eine Note von 1 bis 5 sein, es kann auch heißen: „Lehrziel erreicht, Lehrziel teilweise erreicht, Lehrziel gar nicht erreicht." Natürlich kann die Bewertung auch wesentlich differenzierter vorgenommen werden. Die Lehrperson könnte dann mit den Eltern und dem Kind auch besprechen, was zu tun ist, wenn das Lehrziel nicht erreicht wurde. In gleicher Weise könnte man auch Lehrziele für die Sozialisationsaufgabe der Schule festlegen. Hier geht es dann z.B. um Themen wie einander zuhören, nicht ins Wort fallen, gerecht Sachen aufteilen, etc. In einigen Schulen ist dieses Vorgehen schon erfolgreich umgesetzt.

Conclusio
Es geht nicht um die Frage von Noten ja oder nein, sondern vielmehr darum, Lehrziele und Mindeststandards festzulegen, die entsprechenden Bewertungsmaßstäbe (Noten, verbale Beurteilung, etc.) transparent zu machen sowie die Bewertung zu kommunizieren und zu begründen.

4.2 Wie kommen wir zur Schule der Zukunft?

Die oben skizzierte Schule der Zukunft braucht zur flächendeckenden Realisierung eine Reihe von Rahmenbedingungen, die derzeit noch nicht oder in nicht ausreichendem Maß gegeben sind. Dazu gehört eine hohe Autonomie der Einzelschule mit entsprechend qualifizierten Schulleitungen, was auch die Unabhängigkeit von der Parteipolitik inkludiert. Denn Autonomie ist die Voraussetzung für die Übernahme von Verantwortung, für die Entwicklung und Sicherung von Qualität. Die notwendige Steigerung der Autonomie müsste auch mit einer Entbürokratisierung einhergehen und einer Vereinfachung von Abläufen sowie vermehrten Unterstützungssystemen.

Eine weitere wichtige Rahmenbedingung für so eine Schule der Zukunft, vor allem für den Ausgleich von Benachteiligungen, wäre die Etablierung von Ganztagsschulen – möglichst flächendeckend und möglichst mit verschränktem Unterricht, d.h. einer Abwechslung von Unterricht mit Bewegung, Spiel und Sport, kreativen Einheiten usw., und nicht am Vormittag Unterricht und am Nachmittag Hausübungen und Freizeit. Weiters bedarf es einer Organisation von Bildungsgängen, die zu frühe und auch zu viele Schnittstellenentscheidungen und -unterbrechungen vermeidet und Durchlässigkeit ermöglicht. Und zwar nicht nur auf dem Papier, sondern auch faktisch, was durch entsprechende Monitorings zu prüfen wäre.

Für die Schule der Zukunft braucht es auch eine entsprechende Aus- und Weiterbildung der PädagogInnen, z.B. im Bereich der Methoden wie Flipped Classroom, für den Einsatz Neuer Medien, für die Übernahme von gesellschaftlicher

Verantwortung. Das sind viele Aspekte, die momentan in vielen Schulen noch nicht selbstverständlich sind. Die neue PädagogInnenausbildung wurde zwar schon beschlossen und die Curricula entwickelt. Was jedoch noch aussteht, ist, sie entsprechend umzusetzen, wozu es noch Ressourcen und beachtlicher Anstrengung bedarf (siehe Kapitel 3.3). Parallel brauchen wir jedoch auch flächendeckend Maßnahmen zur Schulentwicklung, denn wir können nicht warten, bis die „neuen" PädagogInnen fertig ausgebildet sind. Schulentwicklung wird überhaupt ein ganz zentrales Element für die skizzierte Schule der Zukunft sein, um die angeführten Kernelemente nachhaltig zu etablieren. Dazu gehört auch die Öffnung der Schule für andere Professionen und ihre Einbindung in die Gemeinde, das *Grätzel*.

Damit Schule ein Ort wird, an dem nicht nur das Lernen, sondern auch das Emotionale, das Wohlfühlen seinen Platz hat, bedarf es auch der Umsetzung entsprechender Raumkonzepte, und zwar für die SchülerInnen und für die Lehrpersonen. Letztlich sollte die Schule in ein Gesamtkonzept der staatlichen Bildungs- und Kulturvermittlung eingebettet sein mit entsprechenden Qualitätssicherungssystemen.

Schauen wir uns nun einige dieser notwendigen Rahmenbedingungen im Detail an:

Schulautonomie

Eine höhere Autonomie von Schulen wird von verschiedenen Seiten seit vielen Jahren gefordert. Sie steht auch wieder auf der politischen Agenda. Die Autonomie, die Schulen derzeit gesetzlich zugestanden wird, liegt im Bereich der Lern- und Unterrichtsorganisation. In anderen Bereichen, wie z.B. Personal, Ausstattung oder Ressourcen, können Schulen bzw. SchulleiterInnen nicht autonom entscheiden.

Detaillierte Ausführungen dazu finden sich im zweiten
Band des Nationalen Bildungsberichts 2009. Allerdings
wären Schulen mit ihrer derzeitigen Ausstattung auch
gar nicht in der Lage, eine Autonomie in allen Facetten
wahrnehmen zu können. Denn Autonomie hinsichtlich
Personals würde u.a. auch bedeuten, regelmäßig Mitar-
beiterInnengespräche zu führen. Bei der hohen Anzahl an
LehrerInnen, die es an manchen Schulen gibt, würden die
SchulleiterInnen ohne Unterstützung einen Großteil ihres
Zeitbudgets damit verbringen.

Um die Autonomie verantwortungsvoll wahrnehmen
zu können, brauchen die SchulleiterInnen Leadership-
und Managementkompetenzen und müssen von einem
Mittleren Management, das bestimmte Aufgaben übernimmt, unterstützt werden (siehe dazu auch Kapitel 3.3).
So müssen die SchulleiterInnen z.b. wissen, wie man neue
Lern- und Lehrkonzepte implementiert, wie man Schulentwicklung systematisch vorantreibt und welche Maßnahmen der Qualitätssicherung für ihre Schule adäquat
sind. Sie müssen auch in der Lage sein zu erkennen, welche
Kompetenzen ihre LehrerInnen haben und welche Weiterbildungen diese machen sollten, um sie entsprechend in
das Mittlere Management einbinden zu können. Vor allem
müssen sie ein hohes Wissen über MitarbeiterInnenfüh-
rung und Teambildung haben. In den letzten Jahren gab es
Ansätze, die SchulleiterInnen in dieser Hinsicht weiterzu-
bilden (Stichwort: Leadership Academy). Aber weder ist es
flächendeckend, noch in ausreichendem Umfang geschehen. Die notwendige ressourcenmäßige Ausstattung und
ein Mittleres Management fehlen gänzlich.

Autonome Schulen sind in der Lage, direkt, schnell und
unbürokratisch Maßnahmen zu setzen, die für ihre Schü-

lerInnen notwendig sind. So kann es z.b. erforderlich sein, wenn der Anteil an SchülerInnen mit Migrationshintergrund sehr hoch ist, vermehrt Unterstützungspersonen zur Sprachförderung in die Schule zu holen oder, wenn viele Kinder aus Familien mit niedrigem Bildungshintergrund stammen, Lernhilfen zu organisieren. Damit wird aber auch offensichtlich, dass die Ressourcen, die den Schulen zur Verfügung stehen, Herkunft und Zusammensetzung der SchülerInnen berücksichtigen müssen.[26]

Eine Erhöhung der Schulautonomie würde vermutlich auch die Anzahl an Schulversuchen reduzieren. Österreich ist ja der Schulversuchskaiser. Wir haben bei ungefähr 6000 Schulen an die 3000 Schulversuche. Bei diesen Schulversuchen handelt es sich in vielen Fällen nicht um besondere neue pädagogische Konzepte, sondern um Kleinigkeiten, wie dass der Unterricht später beginnt oder am Nachmittag länger als bis 14 Uhr dauert. Grund dafür ist, dass es in Österreich für die Schulen, zusätzlich zu den Gesetzen, eine Unmenge an Umsetzungsverordnungen gibt, sodass faktisch alles, was diesem extrem engen Korsett an Verordnungen nicht entspricht, als Schulversuch beantragt werden muss. Jeder dieser Schulversuche muss jedes Jahr neu bewilligt werden, was ein großer Aufwand für die Einreichung und die Bewilligung ist. Wir würden uns daher auch viel Verwaltungsarbeit sparen, wenn wir eine höhere Autonomie in den Schulen hätten.

---

26 Wie dies geschehen kann, dazu hat der Linzer Soziologieprofessor Johann Bacher einen Sozialindex ausgearbeitet. Er hat diesen u.a. im Juni 2015 beim Workshop *Bildungsgerechtigkeit* der Arbeitsgemeinschaft Bildung und Ausbildung der Österreichischen Forschungsgemeinschaft vorgestellt (die Präsentationen des Workshops finden sich unter „Publikationen" auf der Webseite http://www.oefg. at/de/arbeitsgemeinschaften/bildung-ausbildung/

Ganztagsschulen

Auch die Ganztagsschule ist bereits seit langem ein Diskussionspunkt in der Politik, wobei in den letzten Jahren zunehmend die Relevanz und die Notwendigkeit von Ganztagsschulen erkannt wurden. Mittlerweile gibt es auch schon viele Ganztagsschulen, wie die Bestandsaufnahme, die im Rahmen des Nationalen Bildungsberichts 2012 erstellt wurde, zeigt. Aber es sind immer noch viel zu wenige mit Blick darauf, dass sich die Anforderungen in der Lebens- und Arbeitswelt verändert haben, dass viel mehr Eltern berufstätig sind und dass es viele Familien mit nur einem Elternteil gibt. Wenn wir uns überlegen, wie lange Schulen in den Sommer-, Weihnachts- und Osterferien geschlossen sind und wie kurz im Vergleich dazu der Urlaub für viele Eltern ist, wird klar, dass das Schulsystem darauf reagieren muss. Das Schulsystem muss auch darauf reagieren, dass die SchülerInnenklientel immer heterogener wird und es daher immer notwendiger werden wird, Benachteiligungen auszugleichen sowie individuelle Kompetenzen, Interessen und Begabungen zu fördern. Dafür braucht die Schule organisatorisch und zeitlich mehr Spielraum. Sie braucht also mehr Autonomie und die Ganztagsschule.

Bei der Ganztagsschule unterscheiden wir zwei Arten: Einerseits die sogenannte offene Form der schulischen Tagesbetreuung. Diese sieht eine getrennte Abfolge vor, am Vormittag gibt es Unterricht und am Nachmittag Betreuung. Andererseits die verschränkte Form, also eine echte Ganztagsschule. Der Unterricht findet bei dieser Form sowohl am Vormittag als auch am Nachmittag statt, wodurch er entzerrt wird. Derzeit ist der Unterricht in den Schulen ja großteils stark geblockt, was für die LehrerInnen und SchülerInnen gleichermaßen belastend ist. Die SchülerInnen müssen sich über mehrere Stunden konzentrieren und sehr unterschiedliche Informationen aufnehmen und verarbeiten. Die LehrerInnen müssen sich ständig auf verschiedene SchülerInnengruppen und unterschiedliche Inhalte einstellen, oft mehrere Stunden ohne Pause. Für sie würde ein entzerrter Unterricht auch die Möglichkeit bieten, sich mehr im Team über SchülerInnen, Unterrichtsinhalte, didaktische Ansätze etc. auszutauschen. Studien zeigen, dass dadurch das Schulklima besser ist und die Leistungen der SchülerInnen ebenfalls (siehe dazu Kapitel 3.3).

Eine verschränkte Ganztagsschule würde auch bedeuten, dass es keine herkömmlichen Hausübungen und Vorbereitungen für den Unterricht zu Hause mehr gibt, weil das Üben und Vorbereiten bereits in der Schule erfolgt. Das würde, wie Studien belegen, auch ein harmonischeres Familienleben ermöglichen. Schule ist ja ein Thema, das in vielen Familien sehr emotional besetzt ist – und nicht immer positiv. Es gibt Stress wegen Hausübungen, Schularbeiten, Noten etc., oder auch, wenn Eltern müde von der Arbeit nach Hause kommen und dann noch mit ihren Kindern lernen müssen. Wie entspannt könnte das Familienleben sein, wenn alle, wenn sie nach Hause kommen, ihre beruflichen und schulischen Verpflichtungen bereits erledigt haben.

Darüber hinaus zeigten Studien, die die Einführung der Ganztagsschule in Österreich begleiteten, dass die Zahl der Klassenwiederholungen zurückging, die SchülerInnen einen besseren Gemeinschaftssinn hatten und ein positiveres Sozialverhalten, die Lehrkräfte eine höhere Einsatzbereitschaft zeigten, und dass auch die Eltern die Ganztagsschule sehr schätzen, weil sie in mehrfacher Hinsicht entlastet werden.

Die Ganztagsschule sollte aber auch ein bildungspolitisches Ziel sein, weil sie die Möglichkeit gibt, eine höhere Chancengleichheit herzustellen (siehe dazu auch Kapitel 1.1). Natürlich hat man auch viel mehr Möglichkeiten, auf die Interessen der SchülerInnen einzugehen. Damit dies auch möglich wird, gilt es – wie bereits mehrfach erwähnt – das schulische Umfeld, die Gemeinde oder das Grätzel einzubeziehen. Ihren individuellen Interessen wie Sport, Musik, Handwerk oder Natur können die SchülerInnen dann in Kooperation mit Vereinen in der Nachbarschaft nachgehen.

Insgesamt zeigen Studien zur Ganztagsschule, dass diese positive Effekte auf die Schulnoten hat, ein problematisches Sozialverhalten verbessert und gerade bei den Eltern, die nicht aus einem hohen sozioökonomischen Hintergrund kommen, keine höhere Bildung haben, die Bildungsaspiration erhöht. D.h. sie streben höhere Bildungsabschlüsse für ihre Kinder an. Die Ganztagsschule hat auch positive Effekte für Kinder aus ressourcenarmen Familien, die dem Kind kein ruhiges Zimmer zum Lernen daheim, keine Unterstützung beim Lernen oder keine Nachhilfe bieten können. Der Besuch einer Ganztagsschule erhöht auch generell den Selbstwert und das Selbstvertrauen von Kindern. Manche Studien zeigen auch, dass ein stärkerer Ausbau von Ganztagsschulen dazu führt, dass der Besuch einer AHS weniger von der sozialen Herkunft abhängt, was momentan in Österreich sehr stark der Fall ist. Schließlich können die Eltern oder der alleinerziehende Elternteil, wenn die Kinder in der Schule den ganzen Tag gut gefördert und betreut werden, wesentlich unbelasteter ihrer Berufstätigkeit nachgehen. Damit ist die Ganztagsschule eine sehr wichtige Unterstützung von Kindern und ihren Familien, die gleichzeitig auch der Volkswirtschaft nützt.

Übergänge im Bildungssystem

Die dritte wichtige Rahmenbedingung für die skizzierte Schule der Zukunft ist die Gestaltung der Übergänge. In Österreich haben wir, wie bereits mehrfach erwähnt, ein differenziertes Bildungssystem, in dem relativ früh Bildungsentscheidungen getroffen werden müssen. Der politische Diskurs darüber, ob und wie man dieses System vereinfachen könnte (Stichwort: Gesamtschule) wird seit zig Jahren geführt, und zwar hoch ideologisch. Eine konsensuale Lösung im Sinne einer gemeinsamen Schule für alle bis zum Alter von 14 Jahren mit hoher Qualität, die bei Sicherung von Mindeststandards gleichzeitig eine große innere Differenzierung und damit vielfältige Förderungsmöglichkeiten aufweist – wie sie von vielen Bildungsinitiativen gefordert wird – ist derzeit nicht in Sicht.

Studien zeigen jedoch eindeutig, dass die auf der Individualebene getroffenen Entscheidungen aufgrund der Kumulation – also eine Entscheidung stellt die Weichen, dann kommt die nächste, und das geht so weiter – zu einer Diversifizierung führen und vorhandene Unterschiede aufgrund von sozioökonomischem Status, Migrationshintergrund etc. noch vergrößern (siehe Kapitel 3.2). Es wird dadurch immer schwieriger für das einzelne Kind und den Jugendlichen, um- oder aufzusteigen. Was kann, was muss also geschehen – einmal unabhängig von der Frage der Gesamtschule – damit die Übergänge im österreichischen Bildungssystem von Schnittstellen zu Nahtstellen werden?[27]

---

27 Mit dieser Frage hat sich 2013 ein Workshop der Arbeitsgemeinschaft Bildung und Ausbildung der Österreichischen Forschungsgemeinschaft beschäftigt (die Vortragsunterlagen finden sich unter http://www.oefg.at/legacy/text/veranstaltungen/lost_in_transition.html

Danach geht es einmal darum, allen Beteiligten – Bildungspolitik, Bildungsadministration, LehrerInnen, Eltern – bewusst zu machen, welche wichtigen Weichenstellungen Übergänge zwischen Bildungsinstitutionen darstellen und welche Konsequenzen und Benachteiligungen sie für das einzelne Kind haben können.

Es gilt auch, das Wissen über mögliche Bildungsgänge zu erhöhen: Welche Möglichkeiten bestehen überhaupt? Welche Konsequenzen haben die Entscheidungen? Welche Anforderungen müssen für bestimmte Bildungswege erfüllt werden? Welche Berufsaussichten hat man in Abhängigkeit von der jeweiligen Übergangsentscheidung? Kenntnisse über mögliche Bildungswege sind wichtig, denn die Entscheidung für eine bestimmte Schule oder Ausbildung kann einem Kind Möglichkeiten eröffnen oder sie blockieren. Ein Kind sollte Chancen nützen können, aber auch nicht überfordert sein.

Derzeit wechseln die Kinder und Jugendlichen zwischen Systemen – vom Kindergarten in die Volksschule, von der Volksschule in die AHS oder die Neue Mittelschule, von dieser in eine Oberstufenform oder eine Berufsbildung – die zumeist wenig voneinander wissen und dementsprechend auch nicht aufeinander abgestimmt sind. Die Institutionen, die an diesen Schnittstellen angesiedelt sind, brauchen daher mehr Wissen übereinander. Gleichzeitig bedarf es für Kooperation und Austausch wechselseitiger Wertschätzung. Sehr häufig wissen die LehrerInnen in der AHS-Unterstufe nicht, wie in einer Volksschule unterrichtet wird, was dort z.B. bei den Kindern bereits aufgebaut wurde an Kompetenzen zum selbstregulierten Lernen. Umgekehrt sind die VolksschullehrerInnen oft nicht ausreichend darüber informiert, wie der Unterricht im Gymnasium organisiert ist. Dasselbe gilt zumeist auch für den Übergang vom Kindergarten in die Schule.

Derzeit gibt es politische Bestrebungen, den Übergang vom Kindergarten in die Schule gezielt zu gestalten und die beiden Institutionen besser miteinander zu vernetzen. Eine wichtige Unterstützung dafür würden gemeinsame Aus- und Fortbildungen für ElementarpädagogInnen und VolksschullehrerInnen bieten. Analog sollte man solche gemeinsamen Angebote auch für VolksschullehrerInnen und LehrerInnen in der Neuen Mittelschule und im Gymnasium machen. Wichtig ist in jedem Fall, dass nicht alles „von oben" verordnet wird, sondern die PädagogInnen aus beiden Institutionen aktiv daran mitarbeiten, den Übergang zu gestalten. Dabei sollten auch die Anforderungs- und Leistungskriterien aufeinander abstimmt werden. Die Bildungsinstitutionen sollten nicht nur ihre eigenen Bildungsaufgaben wahrnehmen, sondern auch eine Mitverantwortung für die Übergänge.

Eine besonders kritische Frage ist, nach welchen Kriterien die Übergangsentscheidungen, d.h. welches Kind „darf" welche Schule besuchen, getroffen werden. Wie bereits in den Kapiteln 1.1 und 3.3 ausgeführt, ist die derzeitige Entscheidungspraxis für AHS versus Neue Mittelschule über die Schulnoten in der vierten Volksschulklasse hoch problematisch. Vielmehr bräuchten wir bei allen Übergängen transparente und objektive Kriterien, d.h. definierte Minimalanforderungen, Minimalstandards gemäß der Bildungsziele der jeweiligen Bildungsinstitution. Die Bildungsinstitutionen sollten auch dafür Sorge tragen, dass möglichst alle Kinder die Übergänge im Schulsystem erfolgreich bewältigen, d.h. diese Minimalstandards erfüllen. Eine Möglichkeit, das zu erreichen, wäre die Schaffung von längeren Zeitfenstern, um einen Bildungsabschnitt (Volksschule, Sekundarstufe I) abzuschließen. Das wäre nicht der üblichen Klassenwiederholung gleichzusetzen! In manchen Ländern wurde bereits so ein fließender Übergang vom Kindergarten in die Grundschule erfolgreich erprobt, z.B. in der Schweiz. Die dortige Basisstufe umfasst die zwei letzten Jahre Kindergarten und die zwei ersten Jahre der Grundschule und dauert in der Regel vier Jahre. Manches Kind braucht jedoch fünf Jahre dafür, ein anderes Kind nur drei Jahre. So ist das Eine nicht überfordert, das Andere nicht unterfordert.

Schule als Lebensraum

Wie oben ausgeführt, sollte die Schule der Zukunft ein Ort sein, an dem sich SchülerInnen und LehrerInnen wohlfühlen, der aber gleichzeitig auch das Lernen und Lehren unterstützt. Damit kommt der Schularchitektur eine wichtige Rolle zu, die allerdings erst in den vergangenen zwei Jahrzehnten bewusst wahrgenommen wurde. Seit Mitte der 1990er Jahre wurden in der Schularchitektur neue Raumkonzepte entwickelt, die die Entwicklung neuer Lehr-Lernkonzepte, die die Selbstorganisation des Lernens ins Zentrum stellen, unterstützen sollen. Ein großer Teil der Schulen entspricht jedoch nach wie vor dem Typus der Gangschule, d.h. in der Mitte ist ein Gang und links und rechts davon die Klassen. In diesen steht häufig vorne der Katheder und gegenüber sind die Bänke aufgereiht. Daneben gibt es kaum freien Raum. So haben Schulen schon vor 300 Jahren ausgesehen, aber die Gesellschaft und die Anforderungen an die Schule haben sich verändert. Nach einer eigenen Erhebung an SchulleiterInnen (siehe Kasten) sind 43 Prozent der Schulen in Österreich klassische

Gangschulen. Dieser Schultyp wird aber zu Recht als Hindernis für Bildungsmotivation und für die Gestaltung differenzierter Bildungsprozesse gesehen. Damit alternative Raumkonzepte, die Bildungsprozesse unterstützen sollen und können, jedoch auch wirklich genutzt werden, bedarf es der Akzeptanz durch die NutzerInnen. Diese erreicht man am besten und einfachsten, indem man die NutzerInnen in die Planung und Gestaltung einbindet. Ideal ist eine Kooperation zwischen SchularchitektInnen, LernforscherInnen und LehrerInnen, die jeweils ihr Wissen und ihre Erfahrung einbringen. Aber auch die Meinung der SchülerInnen sollte berücksichtigt werden. Wichtig ist, dass die Räume so gestaltet sind, dass man sie unkompliziert für neue Lehr-Lernformen oder spezifische Projekte adaptieren kann. Die innovativen Architekturkonzepte für Schulen berücksichtigen das. Es gibt keine oder nur sehr wenige fixe Räume, sondern man kann sie je nach Unterrichtsform unterschiedlich nutzen und vergrößern oder verkleinern.

Studie zu Schularchitektur
Wir haben in einer Studie – in Zusammenarbeit mit SchularchitektInnen – SchulleiterInnen befragt, wie sie mit ihrem Schulbau zufrieden sind, welche Möglichkeiten sie sehen, Räume zu verändern, was sie über moderne Schularchitektur wissen usw. 1164 SchulleiterInnen aus ganz Österreich haben an der Studie teilgenommen. Im Folgenden bringe ich ein paar Ergebnisse daraus.

Der Großteil der Schulen war in den 1970er Jahren gebaut worden. Obwohl das Leitbild der Schule nach den Angaben der Befragten relativ wenig mit der Architektur des Gebäudes korrespondierte, waren rund zwei Drittel der befragten SchulleiterInnen mit ihrem Schulgebäude recht zufrieden. Allerdings hatte die Zufriedenheit mit der Größe der Schule zu tun. Am zufriedensten waren die LeiterInnen von Volksschulen. Wir haben die SchulleiterInnen auch gefragt, wie wichtig ihnen das Thema Schularchitektur ist. Fast 90 Prozent haben angegeben, dass es ist ihnen sehr wichtig ist. Gleichzeitig haben jedoch fast 50 Prozent gemeint, dass sie nicht genügend Wissen darüber haben, welche innovativen Raumkonzepte es überhaupt gibt. D.h. hier besteht eindeutig Informationsbedarf. Dennoch haben fast 40 Prozent angegeben, selbst schon ein neues Raumkonzept in ihrer Schule umgesetzt zu haben.

Um herauszufinden, was bereits in den Schulen vorhanden ist und was die SchulleiterInnen für wünschenswert halten, haben wir den SchulleiterInnen auch Fotos von innovativen Raumkonzepten gezeigt, die in anderen Ländern bereits realisiert sind. Dabei zeigte sich z.B. dass die „Offene Lernstraße", in der man in einem großen Raum verschiedene Dinge gleichzeitig tun kann, 80 Prozent als wünschenswert für ihre Schule halten, diese aber nur in 20 Prozent der Schulen vorhanden ist.

Unsere Conclusio aus dieser Studie ist, dass ein hoher Bedarf nach einem veränderten Raumangebot besteht. Allerdings wird es zweifellos nicht leicht sein, in kurzer Zeit flächendeckend die Schularchitektur zu schaffen, die für die Schule der Zukunft wünschenswert wäre. Aber als Ziel sollte dies angestrebt werden. In der Zwischenzeit sollte man Schulen dabei unterstützen, auch in einem nicht idealen Gebäude Verbesserungen zur Unterstützung von Lehr-Lernprozessen zu setzen.

4.3 Leitlinien für eine Bildungsreform

Seit mindestens 20 Jahren wird darüber diskutiert, wie wir die Schule oder das Bildungssystem generell reformieren sollen und müssen. Ich selbst habe erstmals im Rahmen meiner Mitarbeit in der Zukunftskommission 2003 Vorschläge dazu an die Politik gemacht. In diesem abschließenden Kapitel möchte ich die aus meiner Sicht wichtigsten Leitlinien für eine Bildungsreform kurz ausführen. Verständlicherweise gibt es Überlappungen mit Ausführungen in früheren Kapiteln.

Leitlinie 1: Möglichst früh ansetzen

Frühes Ansetzen hat den höchsten „return on investment", sprich, wenn ich Geld dort investiere, kommt es mit der höchsten Vervielfachung zurück. Je später ich ansetze, desto mehr muss ich bereits entstandene Entwicklungen ausgleichen und desto schwieriger ist es. Wie kann dieses frühe Ansetzen realisiert werden? Wir brauchen dazu eine Entwicklungsdiagnostik, die möglichst breit angelegt ist. Momentan liegt der Fokus sehr stark auf Sprachdiagnostik. Zweifellos ist Sprache sehr wichtig, aber nicht nur. Wir müssen auch wissen, wie der Entwicklungsstand der Kinder im kognitiven, sozialen und motivationalen Bereich ist, inwieweit z.B. ein Kind seine Emotionen regulieren kann, Regeln versteht und befolgen kann usw. Diese Entwicklungsdiagnostik sollte in einem groben Screening erfolgen, d.h. schnell und mit wenig Aufwand. Erst im zweiten Schritt, d.h. bei denjenigen Kindern, die im Screening Auffälligkeiten zeigen, sollte eine differenzierte Diagnostik erfolgen, auf Basis derer gezielt Fördermaßnahmen gesetzt werden. Damit können vor Schulbeginn Benachteiligungen ausgeglichen und den Kindern Frustrationserlebnisse erspart werden. Wichtig ist hier, dass sowohl Diagnostik als auch Förderung im Dreieck zwischen Kind, PädagogInnen und Eltern geschieht und man zu einer gemeinsamen Sicht der Situation kommt, dass man sich austauscht und die Verantwortung gemeinsam übernimmt. Je älter das Kind wird, umso mehr kann es die Verantwortung für sein Lernen dann selbst übernehmen.

Leitlinie 2: Lehrpersonen sind der Schlüssel
Wir brauchen eine qualitätsvolle und effektive Aus- und Weiterbildung für Lehrpersonen, aber auch für Schulen als Ganzes. Dafür wurden bereits Rahmenbedingungen geschaffen. Das Gesetz für die neue PädagogInnenbildung wurde 2013 beschlossen, jetzt muss es qualitätsvoll umgesetzt werden. Das wird eine große Herausforderung sein, aber soweit ich es beurteilen kann, bemühen sich die Institutionen und auch die beiden zuständigen Ministerien ernsthaft und sind auch auf einem guten Weg. Aber viele rechtliche, personelle und ressourcenmäßige Voraussetzungen müssen noch realisiert werden. Wir brauchen auch Weiterbildung als Schulentwicklung. Das ist bei weitem nicht flächendeckend etabliert. Einzelweiterbildung verändert im System viel zu wenig, d.h. wir brauchen ergänzend auch eine verpflichtende Schulentwicklung, an der sich alle LehrerInnen aktiv beteiligen und die auch hinsichtlich ihrer Wirkungen evaluiert wird. Schule und LehrerInnen müssen Individualisierung und Ergebnisverantwortlichkeit als zentrale Maxime sehen. In dem Sinne: Wir kümmern uns um jeden einzelnen Schüler, jede einzelne Schülerin und übernehmen zumindest die Mitverantwortung dafür – denn natürlich sind auch die SchülerInnen selbst und ihre

Eltern hier gefordert – bei jedem Kind Mindeststandards zu erreichen. Dies ist insbesondere wichtig an den Schnittstellen im Bildungsbereich.

Leitlinie 3: Schulen stärken und unterstützen

Schulen brauchen mehr Autonomie, um diese Verantwortung auch wirklich wahrnehmen zu können. Dazu bedarf es einer entsprechenden Aus- und Weiterbildung von SchulleiterInnen. Dies muss flächendeckend geschehen, d.h. alle SchulleiterInnen umfassen. Die Leadership Academy des Bildungsministeriums ist ein erster Schritt. Aber weder haben alle SchulleiterInnen teilgenommen, noch ist sie umfassend genug mit Blick auf die künftigen Anforderungen an Schulen und deren LeiterInnen. Zusätzlich sollte ein Mittleres Management etabliert werden, das einerseits die SchulleiterInnen unterstützt und andererseits Zukunftsperspektiven und Karrierechancen für LehrerInnen bietet, ihre Leistungen anerkennt und den Veränderungen in Interessen und Kompetenzen über die Lebensspanne Rechnung trägt. Ergänzend sollte ein Jahresarbeitszeitmodell eingeführt werden, in dem nicht nur der Unterricht in der Klasse, sondern auch die anderen zentralen Aufgaben von LehrerInnen ihren Stellenwert haben. Die Prüfung des Erfolgs von Schulen, d.h. was die SchülerInnen können, sollte auf Basis von (noch zu definierenden) Mindeststandards erfolgen. Wobei die Ressourcen, die Schulen erhalten, die Zusammensetzung ihrer SchülerInnen berücksichtigen müsste. Gleichzeitig gilt es, externe Unterstützungssysteme zu etablieren – ohne diese haben manche Schulen in Brennpunktbereichen gar nicht die Chance, solche Mindeststandards bei ihren SchülerInnen zu erreichen. Man muss auch die Schule in die Gemeinde einbetten und mit Vereinen etc. vernetzen.

Leitlinie 4: Durch Forschung zu Transparenz und Entwicklung

Im Bildungsbereich ist es nicht möglich, die Erkenntnisse aus anderen Ländern zu übernehmen und 1:1 zu implementieren. Denn jedes Land hat seine eigene Schulkultur, seine eigenen Entwicklungen, Organisationen und Bürokratien. Wir brauchen daher Wissen über die Bildungswirklichkeit in Österreich und entsprechende Konzepte zur Verbesserung sowie zur Implementation von Maßnahmen. All dies ist derzeit kaum vorhanden, kann jedoch von empirischer Bildungsforschung geliefert werden. Schließlich erhöht Forschung auch das Ansehen eines Feldes. Wenn es viele qualitätsvolle Forschungsprojekte im Bildungsbereich gibt, über die auch entsprechend berichtet wird, dann führt das auch dazu, dass sich das Image des Lehrberufs verbessert. Denn wenn wir die Stärken und die Leistungen von Schulen und LehrerInnen vermehrt und differenziert aufzeigen, wird auch der Beruf in der Öffentlichkeit mehr wertgeschätzt werden.

Leitlinie 5: Von Bereitstellungslogik zu systematischer Implementation. Von Freiwilligkeit zu Verpflichtung und Verantwortlichkeit

Es reicht nicht, im Parlament Gesetze und Reformmaßnahmen zu beschließen. Die wirkliche „Arbeit" fängt zumeist erst danach an. Wir brauchen daher auch, und da besteht ein großes Defizit in Österreich, Transfer- und Implementationskonzepte. Wie bringen wir Reformen erfolgreich ins Feld, in alle Schulen? Schriftlich verschickte Verordnungen reichen wohl nicht aus. Vielmehr gilt es, alle Beteiligten aktiv einzubeziehen. Diese müssen zuerst einmal identifiziert werden. Dann müssen Überlegungen

217

darüber angestellt werden, wie man sie dazu gewinnen kann, mitzumachen. Welches Wissen, welche Unterstützung sie brauchen etc. Das unter Beteiligung sämtlicher Betroffenengruppen erarbeitete Implementationskonzept muss dann durch eine Evaluation begleitet werden, um bei Bedarf gegensteuern zu können.

Ebenso genügt es nicht, dass freiwillige Lehrpersonen und freiwillige Schulen neue Konzepte anwenden und damit Reformmaßnahmen „erproben". Denn von hoch engagierten Schulen und LehrerInnen kann man nicht auf die anderen schließen. Erfreulicherweise gibt es ja viele engagierte LehrerInnen und Schulleitungen, die das tun. Aber was passiert dadurch? Die Schere im Bildungssystem wird immer größer, weil Eltern, die höher gebildet sind, sich natürlich diese Schulen für ihre Kinder aussuchen, und weniger gebildete Eltern gar nicht wissen, welche Unterschiede zwischen Schulen bestehen. Daher können wichtige Reformschritte nicht auf Basis der Freiwilligkeit gemacht werden. Sie müssen verpflichtend sein, für alle Schulen, für alle LehrerInnen. Und man muss auch überlegen, wie man weniger engagierte Schulen und LehrerInnen ins Boot holt.

Leitlinie 6: Schule bereitet die jungen Menschen auf die Welt von morgen vor

Das klingt banal, aber wir haben schon ein Problem dadurch, dass die Lehrpersonen bis zu 50 Jahre älter sind als ihre SchülerInnen. Damit ist es eine beachtliche Herausforderung für LehrerInnen, junge Menschen auf eine Welt vorzubereiten, die sich vermutlich sehr stark von der Welt, die sie selbst erlebt haben, als sie jung waren, unterscheiden wird. Wir müssen uns daher sehr intensiv damit auseinandersetzen, was man für die Welt von morgen

brauchen wird. Zweifellos wird man eine hohe Bildungsmotivation benötigen und Kompetenz zum selbstregulierten Lernen, aber auch einen konstruktiven Umgang mit
Veränderungen. Denn wenn wir uns die Entwicklungen
der vergangenen 20 Jahre anschauen, so gab es dermaßen
viele Veränderungen, eine derart schnelle Veränderung
des Wissens, dass wir davon ausgehen müssen, dass die
jungen Menschen von morgen mit noch viel mehr Veränderungen konfrontiert sein werden. Es wird in Zukunft
noch mehr darum gehen, Probleme zu lösen, Innovatio-
nen zu setzen, mit Informationen kritisch umzugehen und
Verantwortung in der Gesellschaft, in einer globalisierten
Welt zu übernehmen. Komplexe Herausforderungen gibt
es zur Genüge, siehe Bevölkerungszuwachs, Umweltschutz,
bewaffnete Konflikte, Kämpfe zwischen Religionen, Terror-
drohungen, das Flüchtlingsproblem, die Schere zwischen
Arm und Reich usw.

Was brauchen wir also konkret in der Schule, um besser
auf die Welt von morgen vorzubereiten? Wir müssen wegkommen von einer passiven Berieselung im Unterricht zu
einer aktiv und positiv besetzten Lernzeit (Schlagwort: Flipped Classroom). Wir müssen die Potentiale Neuer Medien
entsprechend nutzen, Schule nicht getrennt von der Gesellschaft sehen, sondern in sie eingebettet. Vor allem müssen
wir an den Potenzialen der jungen Menschen ansetzen und
nicht an ihren Schwächen, und ihr Verantwortungsgefühl
für sich und andere stärken. Wie diese Schule der Zukunft
aussehen kann, dazu finden sich Anregungen im Kapitel
4.1. Daran gilt es zu arbeiten, damit wir in der Schule wirklich fürs Leben lernen.

Vita Univ.-Prof. Dr. Dr. Christiane Spiel

Christiane Spiel begann ihre Berufslaufbahn als Gymnasial-Lehrerin für Mathematik und Geschichte. Danach studierte sie Psychologie an der Universität Wien und war als Wissenschaftlerin am Max-Planck-Institut für Bildungsforschung in Berlin und an der Karl-Franzens-Universität Graz tätig. Seit März 2000 leitet sie als Gründungsprofessorin den Arbeitsbereich Bildungspsychologie und Evaluation an der Universität Wien. Von 2004 bis 2006 hat sie als Gründungsdekanin die Fakultät für Psychologie an der Universität Wien aufgebaut. Sie war Präsidentin der Österreichischen Gesellschaft für Psychologie und der European Society for Developmental Psychology und hat eine Vielzahl an weiteren Funktionen im internationalen Wissenschaftsbereich inne. Zusätzlich hat sie viele Aufgaben an der Schnittstelle zwischen Wissenschaft und Gesellschaft übernommen (z.B. Mitglied der Zukunftskommission für das Österreichische Schulwesen und des Entwicklungsrats für die PädagogInnenbildung NEU in Österreich), den Transfer wissenschaftlicher Erkenntnisse maßgeblich gefördert und die Politik mit ihrer Expertise beraten.

Christiane Spiel hat die Bildungspsychologie als wissenschaftliche Disziplin begründet und ein entsprechendes Strukturmodell, das die Bildungskarriere und Lebenslanges Lernen ins Zentrum stellt, konzipiert. Neben circa 250 anderen wissenschaftlichen Publikationen erschien 2010 auch das Lehrbuch *Bildungspsychologie*.

Franz Fischler | Wolfgang Lutz
ZUKUNFT DENKEN
208 Seiten, gebunden
ISBN: 978-3-902533-62-3

Bis zur Gegenwart hatten alle Eltern den Wunsch, ihre Kinder mögen es einmal besser haben als sie selbst. Doch gilt das auch noch für die Zukunft?

Können Wohlstand und Lebensqualität überhaupt noch weiter steigen? Wie wird sich angesichts der Konkurrenz aus China unsere Arbeit entwickeln? Wer wird in Ländern wie Österreich und Deutschland den Alten die Pensionen zahlen, wenn die Geburtenrate weiter sinkt? Wird die Klimaerwärmung zu mehr Katastrophen und die globale Bevölkerungsexplosion zu mehr Kriegen führen?

Der Bevölkerungswissenschaftler Wolfgang Lutz und der langjährige EU-Kommissar Franz Fischler haben in diesem Buch über solch brennende Zukunftsthemen diskutiert. Ihre Diagnose: Nur Gesellschaften, die stark in Bildung und Humanressourcen investieren, können die gewaltigen Herausforderungen des 21. Jahrhunderts bewältigen.

www.galila.at

Gernot Benesch
**GELD ODER LEBEN
IM 21. JAHRHUNDERT**
ca. 220 Seiten, gebunden
erscheint im Oktober 2015
ISBN: 978-3-902533-65-4

Die menschliche Spezies neigt dazu, Monopole zu bilden. Nicht erst seit es die Marktwirtschaft gibt. Ob absolutistische Monarchen der Vergangenheit, moderne Diktatoren oder Finanzmagnaten – immer haben sie den kleinen Leuten das Geld aus den Taschen gezogen, um sich selbst maßlos zu bereichern. Und jeder Versuch, dieser Raffgier einen Riegel vorzuschieben, wird von den Profiteuren ausgehebelt. Technologisch wäre es längst möglich, Bargeld abzuschaffen und das Steuersystem umzustellen.

Europa muss mit Nachdruck moderne Technologien fördern und nutzen. Während globale Finanzakteure längst Supercomputer einsetzen, um an den Börsen Milliarden Euro zu verschieben und Gewinne zu machen (selbstverständlich ohne Bargeld!), sind nationale Finanzämter, aber auch meine eigene Branche, die der Steuer- und Wirtschaftsprüfer, noch mit geradezu historisch anmutender Technologie ausgestattet. Wir müssen Europa dringend auf eine Ökonomie 4.0 umstellen, um nicht in zwanzig Jahren als verarmter, korrupter und rückständiger Kontinent dazustehen.

www.galila.at